KB005244

미래의 교육, 올린

BOOK
JOURNALISM

미래의 교육, 올린

발행일 ; 제1판 제1쇄 2017년 11월 15일 제2판 제9쇄 2023년 6월 28일
지은이 ; 조봉수 발행인·편집인 ; 이연대
CCO ; 신아람 에디터 ; 김하나
지원 ; 유지혜 고문 ; 손현우
펴낸곳 ; ㈜스리체어스 _ 서울시 중구 한강대로 416 13층
전화 ; 02 396 6266 팩스 ; 070 8627 6266
이메일 ; hello@bookjournalism.com
홈페이지 ; www.bookjournalism.com
출판등록 ; 2014년 6월 25일 제300 2014 81호
ISBN ; 979 11 86984 22 2 03300

책값은 뒤표지에 표시되어 있습니다.

북저널리즘은 환경 피해를 줄이기 위해
폐지를 배합해 만든 재생 용지 그린라이트를 사용합니다.

BOOK
JOURNALISM

미래의 교육, 올린

조봉수

북저널리즘

; 나는 인간이 지닌 모든 가능성을 발현할 수 있도록 돕는 교육 기관을 찾기 위해 전 세계의 수많은 대학을 탐색했다. 그리고 올린 공대를 발견했다. 단언컨대, 이들은 현존하는 교육 기관 중에 가장 이상적인 형태의 교육을 실현해 가고 있었다. 지식이 아니라 역량을 키워 주는 것, 이것이 올린의 교육 방식이다. 미국 최고의 인재들이 올린에 몰리는 이유가 여기에 있다.

차례

프롤로그 이상적인 교육을 만나다

"호기심은 인간의 삶을 풍요롭게 하는 힘을 갖고 있다. 호기심은 성취의 원동력이기 때문이다. 우리가 만약 학생들의 호기심에 불을 붙일 수 있다면 학생들은 아무런 도움 없이 배울 수 있다. 그런데 지금의 교육은 배우는 것보다 시험을 보는 데에 초점을 맞추고 있다. 시험이 순수한 배움을 방해하고 있는 것이다." 세계적인 교육학자 켄 로빈슨Ken Robinson이 TED 강연에서 한 말이다.[1] 로빈슨은 "지금의 교육 시스템은 이미 망가진 모델"이라며 "개선이 아니라 혁신이 필요하다"고 강조한다. 그는 특히 현재의 교육 시스템이 인간의 잠재력과 가치를 획일적인 잣대로 정량화하고, 단일한 기준으로 경쟁을 유도하고 있다고 비판한다.

우리가 살고 있는 사회의 구조는 교육을 기준으로 만들어지고 있다. 좋은 성적을 받은 학생이 좋은 대학을 가고, 좋은 대학을 간 학생이 좋은 직장을 구할 수 있다. 좋은 성적을 받는 것이 성공의 전제 조건이 되는 것이다. 그러다 보니 부모는 자녀를 학원에 보낼 수밖에 없다. 자녀가 더 좋은 교육을 받고, 더 좋은 조건에서 일하기를 바라며 교육에 엄청난 돈을 쏟아붓는다. 더 좋은 대학, 더 좋은 직장을 위해, 높은 점수를 받기 위해 공부하는 학생들은 배움의 과정에서 재미를 느끼기 어렵다. 인간은 누구나 배움의 욕구를 갖고 있다지만, 그러한 욕구는 알고 싶은 것을 배울 때에나 해당되는 얘기다. 지금처럼 개인의 적성이나 관심과는 상관없이 모든 학생이 똑같은 것을 배우고, 똑같은 기준으로 평가를 받고 있는 상황에서 배움은 힘들고, 어렵고, 지루한 일일 수밖에 없다.

그렇다면 이런 '대량 생산형' 교육 시스템은 어떻게 만들어진 것일까. 현재와 같은 교육 시스템은 산업 혁명 이후 급속도로 발전했다. 소규모 인력으로도 수익을 낼 수 있었던 농업과 달리, 공업은 대규모 인력을 필요로 했다. 많은 사람들이 함께 일하게 되면서, 이들을 관리하는 행정 인력이 생겼다. 글을 배운 사람은 행정 업무를, 글을 모르는 사람은 단순 노동을 하는 형태의 인력 구조가 형성되기 시작했다. 당시로선 글을 아는 사람을 찾기가 어려웠고, 임금을 많이 줄 수밖에 없었다. 그렇게 적은 돈을 받고 몸을 써서 일을 하는 노동자 계급인 블루칼라와 많은 돈을 받고 사무를 보는 관리자 계급인 화이트칼라가 탄생했다. 교육 수준은 직업의 종류와 임금을 가르는 기준이 됐다. 산업화 사회에서 지식 노동자가 되기 위한 전제 조건은 교육이었다.

교육 시스템은 이처럼 산업 사회를 굴러가게 하는 인간 부속품을 찍어 내는 방향으로 발전해 왔다. 교육은 산업과 사회를 더 효과적으로 작동시키기 위한 수단이었다. 자연히 개인의 개성은 철저히 무시당했다. 국·영·수에 목을 매고 사회의 잣대에 맞는 사람이 되라고 종용하는 교육은 산업화를 위한 거대한 프로세스에 불과한 셈이다. 획일적인 기준으로 노동력을 생산해 내는 교육은 오랫동안 비판받아 왔다. 독일의 신학자이자 철학자 이반 일리히Ivan Illich는 "지금의 교육은 사람을 출신 학교와 학력으로 계층화시키고 있다"고 지적했다. '세계의 교사'라고 불리는 인도의 철학자 지두 크리슈나무르티Jiddu Krishnamurti는 "시험에 합격하고, 직업을 얻고, 결혼을 하고, 아이를 낳으면서 우리는 점점 기계를 닮아 간다"고 비판하면서 "한 인간이 자신의 삶을 온전하게 살 수 있도록 돕는 것이 교육이 해야 할 일"이라고 강조했다.

기성 교육이 인간의 개성을 훼손한다는 비판은 차치하더라도, 산업 혁명 시대의 교육 방식이 21세기 사회에 맞지 않는다는 사실은 자명하다. 우리는 더 이상 공장에서 똑같은 물건을 찍어 내는 제조업의 시대에 살지 않는다. 원하는 물건을 맞춤형으로 순식간에 만들어 내고 유통할 수 있는 기술이 이미 전 세계에서 활용되고 있다. 많은 인력을 관리하는 행정 업무에 능한 노동자가 아니라, 다양한 기술과 아이디어를 결합해 새로운 가치를 창출할 수 있는 인재가 필요한 시대다.

세상이 변했고 우리에게는 새로운 교육이 필요하다. 지금의 교육 시스템으로는 인간이 갖고 있는 모든 가능성full-potential을 발현하기 어렵다. 교육은 누구나 갖고 있는 잠재 능력을 최대한 발현할 수 있도록 돕는 방식이 되어야 한다. 우리가 몸에

꼭 맞는 옷을 입었을 때 가장 멋진 것처럼, 누구나 자신이 원하는, 자신에게 맞는 형태로 배워야 빛날 수 있다.

결국 이상적인 교육은 한 사람 한 사람의 개성과 가치를 존중하는 방식으로 이루어져야 한다. 기계로 물건을 찍어내듯 만들어 내는 지금의 교육 시스템은 망가질 대로 망가져 있다. 사람에 투자하는 것이 아니라, 사람을 만들어 내는 시스템에 투자한다. 상품을 생산하기 위한 시설과 기계에 투자하는 산업 혁명 시대의 논리가 교육에도 그대로 적용되고 있다.

앞서 언급한 로빈슨의 이야기로 다시 돌아가 보자. 로빈슨은 교육을 서로 다른 가능성의 열매를 맺게 하는 농사의 과정이라고 말했다. 로빈슨의 말처럼, 앞으로의 교육은 농사를 짓는 과정이 되어야 한다. 농부가 흙은 부드러운지, 거름은 부족하지 않은지, 비뚤어지게 자라는 것은 아닌지 살펴서 흙을 갈아 주고, 거름도 주고, 나무 기둥도 세우는 것처럼 학생 한 명 한 명을 키워야 한다. 학생 하나하나가 자신만의 독특한 열매를 맺을 수 있도록 돕는 것이 교육 기관의 역할이어야 한다.

이런 생각을 갖고 만들어진 교육 기관이 과연 존재할까? 생각만 하는 것을 넘어서 제대로 실현하고 있는 곳이 있을까? 나는 이런 교육 철학을 실현하고 있는 기관을 찾기 위해 전 세계의 수많은 대학을 찾아다녔다. 그리고 올린 공대를 발견했다. 단언컨대, 이들은 현존하는 교육 기관 중에 가장 이상적인 형태의 교육을 실현해 가고 있었다.

올린 공대의 정식 명칭은 'Franklin W. Olin College of Engineering'이다. 1999년에 설립 멤버가 모였고, 2002년 가을 학기에 정식으로 개교했다. 미국 매사추세츠주 보스턴 인근의 소도시 니덤에 자리하고 있는데, 주변에는 미국을 대표하는 명문 대학이 많다. 힐러리 클린턴 전 미국 국무장관이 졸업한 학교로 잘 알려진 웰즐리Wellesley여대와 세계 최고 수준의 경영학 석사MBA 과정으로 정평이 난 밥슨Babson칼리지가 인근에 있고, 조금 떨어진 곳에는 매사추세츠공과대학교MIT와 하버드대학교가 있다.

올린은 학부 중심의 4년제 대학으로 엔지니어링 교육에 중점을 두고 있다. 세부 전공으로는 전기전자, 컴퓨터, 기계 공학 분야를 다룬다. 전체 교육 과정은 인문사회학, 엔지니어링, 비즈니스·창업 과정 이렇게 세 가지 축으로 구성되어 있다. 학생 수는 아주 적다. 매년 80~90명 정도의 신입생이 입학하고 전교생이 350명 정도다. 입학생 수준은 MIT, 스탠퍼드 같은 명문대와 동등한 것으로 알려져 있다. 실제 MIT, 스탠퍼드에 합격한 학생이 올린을 선택하는 경우도 많다. 합격생의 평균 등록률이 92퍼센트로 MIT와 비슷하다. 약 40명의 전임 교수가 있으며 교수 1인당 학생 수는 9명 수준이다.

우리에게는 낯선 학교이지만, 올린은 개교 10여 년 만에 미국을 대표하는 명문 대학의 반열에 올라섰다. 올린은《US News》가 실시한 '2018 미국 대학 평가'에서 학부 중심 엔지니어링 대학 부문 3위를 차지했다.[2]

올린은 미국에서 가장 주목받고 있는, 그리고 가장 빠르게 성장하고 있는 대학이다. 하지만 내가 올린에 주목할 수밖에 없었던 이유는 높은 순위와 같은 성과 때문만은 아니었다. 올린의 혁신적이고 이상적인 설립 사명과 교육 철학 때문이었다. 아래는 올린의 사명 선언문mission statement이다.

'올린 공대는 세계의 이익을 위해 필요를 인식하고, 솔루션을 디자인하며, 창의적인 기업에 참여하는 모범적인 엔지니어링 혁신가가 되는 학생을 키웁니다(Olin College prepares students to become exemplary engineering innovators who recognize needs, design solutions and engage in creative enterprises for the good of the world).'

올린의 사명은 온전히 사람을 길러 내는 데에 초점을 맞추고 있었다. 올린은 지난 15년간 위와 같은 사명을 달성하기 위해 완전히 새로운 방식의 교육을 시도했고, 성공적으로 실현해 냈다. 그리고 그동안 쌓은 경험을 전 세계의 교육 발전을 위해 공유하고 있다. 올린은 2009년부터 전 세계의 교육자들을 초청해 공식적으로 올린의 교육 철학과 방식을 전파하는 I2E2 프로그램Initiative for Innovation in Engineering Education을 운영하고 있다.[3] 미국뿐만 아니라 전 세계에서 교육을 연구하는 사람들이, 그리고 실제 교육을 하고 있는 교수들이 올린을 배우기 위해 니덤으로 몰려든다. 새로운 교육을 연구하고 고민하는 사람이라면 반드시 올린을 주목해야 한다.

나 역시 기업인을 키워 내는 교육을 담당하면서 올린의 I2E2 프로그램에 참여했다. 올린 공대의 교육을 배우기 위해 직접 학교에서 생활하고 배우면서 올린의 수많은 학생과 교수, 직원을 인터뷰했다. 기업인으로서는 유일하게 올린에서 열리는 교수 워크숍에도 참여했다. 그곳에서 학생의 다양성이 존중되고, 학생이 주도하는 경험 중심의 교육을 만났다. 진짜 교육의 실체를 깊이 이해할 수 있었다. 이제 내가 배운 올린의 선구적인 교육 철학을 한국에서 나누고자 한다.

1 자유, 협력, 경험

역사와 재료공학을 함께 공부한다면

내가 올린에서 가장 먼저 느꼈던 분위기는 자유로움이었다. 올린의 자유로움이 어느 정도 수준인지 이해할 수 있는 가장 좋은 예가 바로 교과 과정이다. 올린의 교수들은 분야나 영역에 구애받지 않고 자유롭게 새로운 과목을 개설할 수 있다. 물리학을 전공한 교수가 디자인 수업을 개설하기도 하고, 재료공학 교수가 역사학 교수와 같이 융합형 수업을 만들기도 한다. 올린에는 5개의 전공 트랙만 존재하고 별도의 학과는 없다. 전체 교수가 40명, 학생은 350명 정도의 소규모 대학이다 보니, 학과 형태의 조직을 만들지 않고 필요에 따라 자유롭게 과목을 만들 수 있도록 돼 있다.

올린에서 만난 물리학 전공 교수는 물리학 외에 디자인 과목을 가르치고 있었다. 교육 공학을 별도로 연구하면서 관련 논문도 발표했을 정도로 교육 자체에 관심이 많았다. 그는 "올린에는 영역이라는 것이 따로 없다"면서 "보통 다른 대학에서는 교수들끼리 영역 다툼을 하는 경우가 많은데, 올린에서는 서로 배우고 함께 공부하는 문화가 있어서 정말 좋다. 덕분에 교수들도 끊임없이 성장하고 있다는 것을 느낀다"고 했다.

실제로 일반적인 대학에서는 새로운 수업을 만들기가 쉽지 않다. 우선 만들고자 하는 과목과 연계된 분야의 교수와 협의를 해야 하고, 기존의 과목들과 겹치지 않게 정리하는 일도 필요하다. 이 과정에서 다른 교수들의 허락을 받아야 한다. 새로운 과목을 만드는 일 자체가 어려운 상황에서 실험적인 시도는 더욱 먼 이야기다. 결국 교수들은 자기의 전문 분야에서만, 그다지 튀지 않는 방식으로 교육을 하게 된다.

반면 올린에서는 모든 교수와 학생이 새로운 수업을 만들고 실험적인 시도를 하는 데에 거리낌이 없다. 새로운 커리큘럼을 짜면, 우선 학점이 없는 파일럿 수업 형태로 운영한다. 학생들은 수업 진행 과정에서 수업을 개선하기 위한 아이디어를 자유롭게 개진한다. 논의 결과를 바탕으로 수업을 계속 운영할 것인지, 어떤 형태로 수정할 것인지 구체화해 나간다. 이렇게 새로운 교육을 만들어 가는 과정에 학생들도 적극적으로 동참하다 보니 교육에 관심을 갖는 학생들이 늘어난다. 그래서 전공과는 별개로 교육학을 연구하거나 다른 대학과의 협업을 통해 새로운 교육 방식을 실험적으로 전파하고 연구 논문을 쓰는 학생들도 많다. 자연히 파일럿 수업의 수강 신청률도 상당히 높다.

내가 참관했던 수업 '역사의 물건The Stuff of History'은 다양한 분야의 교수와 학생이 함께 만들어 가는 수업이 어때야 하는지를 보여 주는 좋은 사례다. 이 수업은 재료공학 교수와 역사학 교수의 고민에서 탄생했다. 서로 다른 두 분야의 교수들이 어떻게 하면 조금 더 재미있는 과목을 만들 수 있을지 연구한 결과다. 재료공학 교수는 학생들에게 재료공학이 갖는 의미를 전달하는 방법을 고민했다. 반면, 역사학 교수는 학생들이 인문사회학을 현실의 문제와 구체적으로 연결하는 방법을 고민하고 있었다. 두 교수는 어떻게 하면 학생들이 재료공학과 역사의 필요성을 느끼게 만들 수 있을지 각자의 관점에서 열띤 토론을 벌였다. 그리고 역사와 재료공학을 결합해서 가르쳐 보자는 결론을 내렸다. 모든 물건은 재료에 의해 만들어지고, 그 재료가 역사적으로 발전하면서 인간의 생활을 변화시키고 있으니 역사와 재료를 자연스럽게 결합할 수 있을 것이라 생각했다.

수업 첫날 강의실에 들어온 학생들의 앞에는 여러 가지 물건이 놓여 있다. 플라스틱 컵, 고무줄, 책가방, 운동화, 고무호스처럼 매일 사용하는 지극히 평범한 물건들이다. 학생들은 이 가운데 자신이 한 학기 동안 공부하고 싶은 물건 하나를 고른다. 그리고 같은 물건을 선택한 학생들끼리 팀을 만든다. 남은 시간은 선택한 물건에 왜 관심을 갖게 되었는지, 어떤 측면에서 공부해 보고 싶은지 논의하는 데 쓴다. 팀에서 가장 먼저 하는 일은 물건의 특징을 정의하는 것이다. 학생들이 자유롭게 선택한 물건의 특성을 이야기하면, 교수들은 자신의 전문 분야에 따라 공학, 인문학, 사회학 관점에서 카테고리를 만들어 준다. 그렇게 정의 내린 특성을 기반으로 5주 동안 물건에 대한 상세한 조사를 진행한다.

학생들이 플라스틱 컵을 선택했고 '싸다'는 점을 핵심 특성으로 정의했다고 가정해 보자. 교수는 경제학적으로 '싸다'는 것이 어떤 의미인지 학생들에게 되묻는다. 가격이라는 것은 어떻게 형성되는지, 경제라는 것이 역사적으로 어떻게 발전해 왔는지, 계속해서 질문을 던진다. 학생들은 교수와 이야기하면서 플라스틱 컵이 싸다는 사실을 둘러싸고 있는 다양한 관점을 고민하게 된다. 재료공학 측면에서도 마찬가지다. 플라스틱 컵의 특성을 '견고하다'로 정의한다면 재료공학 측면에서 견고하다는 것이 구체적으로 무엇인지 조사하고 설명할 수 있어야 한다. 견고함을 설명하기 위해 실험실에 가서 강도, 경도 등을 직접 실험해 볼 수도 있다. 환경적 관점, 역사적 관점, 사회적 관점, 경제적 관점, 재료공학적인 관점 어떤 것이든 상관없다. 주제를 골라 깊이 조사해 들어가는 것이 핵심이다.

5주간의 심도 있는 조사가 끝나면, 마지막 5주는 선정한 물건과 비슷한 용도로 사용했던 과거의 물건을 찾아 현재의 형태로 발전해 온 과정을 공부한다. 학생들은 교수들과 함께 박물관에 가서 과거의 물건을 찾아보기도 한다. 그리고 물건의 재질이 어떻게 변화했는지, 또 그러한 변화로 인해 환경에는 어떤 변화가 있었는지, 사회는 어떻게 변화해 왔는지 연구한다. 물건을 만드는 데 사용된 과거와 현재의 재료를 구해서 직접 물건을 만들어 보기도 한다. 이것이 바로 올린의 대표적인 융합형 과목 '역사의 물건'이다. 담당 교수인 로버트 마텔로 Robert Martello와 조너선 스토크Jonathan Stolk의 이야기를 들어 보자.

과목을 만들 때 가장 큰 고민은 무엇이었나?

학생들의 내적 동기를 높이기 위해 어떻게 수업을 구성하고 운영해야 할지가 가장 큰 고민거리였다. 고민 끝에 학생들에게 주도적으로 학습할 수 있는 권리를 주는 것이 중요하다는 결론에 도달했다. 그래서 학생들이 원하는 재료를 선택하도록 했고, 원하는 방향으로 스터디를 진행할 수 있도록 자유를 주었다. 교수는 코치 역할만 한다. 학생들이 스스로 생각하고 성장할 수 있도록 옆에서 도와주는 역할을 할 뿐이다. 큰 방향은 이렇게 정했는데 사실 구체적으로 어떤 역할을 해야 하는지 처음에는 잘 몰랐다. 교수 둘이서 호흡을 잘 맞출 수 있을지 걱정이 되기도 했다. 걱정이 참 많았지만 하면서 해결해 나갈 수 있을 것이라 생각했다. 서로에 대한 믿음과 확신이 있었기 때문이다.

물건과 공부 주제를 모두 학생이 정하는 데에는 문제가 없나?

범위를 좁히지 못하고 계속해서 맴돌기만 하는 학생들도 많다. 학생들이 원하는 주제를 선택하도록 했을 때 나타날 수 있는 리스크다. 이렇게 되면 학생들이 한 학기 동안 배우는 것도 없이 주제만 바꾸다가 끝날 수 있다. 그래서 학생들이 자신의 생각을 정리해 나갈 수 있도록 프레임워크를 준비해 둘 필요가 있다. 다만 주의해야 할 사항이 있다. 프레임워크가 학생들의 복잡한 사고를 정리할 수 있도록 도와주는 도구가 되어야지 발산적 사고를 제약해서는 안 된다. 일반적으로 프레임워크가 갖는 위험이 바로 사고의 폭을 제한하는 것이다. 그만큼 조심스럽게 접근해야 한다.

올린의 대표적인 인기 과목인데, 학생들에게 인기가 높은 이유는 무엇인가?

학생들의 내적 동기를 위해 관계성(relatedness)을 높인 것이 주효했던 것 같다. 학습 과정에서 관계성을 높이기 위해서는 학습하는 내용이 여러 사람과 연결되어 있다는 사실을 학생에게 지속적으로 주지시켜 주는 것이 중요하다. 학습을 하는 내용이 세상의 관심과 연결되어 있다는 사실이나 많은 사람들이 비슷한 고민을 하고 있다는 것을 알려 주기 위해 노력한다. 필요하면 유사한 고민을 하고 있는 단체와 커뮤니케이션할 수 있는 기회를 만들어 주기도 한다. 이런 식으로 계속 학교 밖으로 연결되는 주제를 다루고, 같은 고민을 하는 사람들을 만나면서 학습 동기가 급격하게 높아지는 것 같다.

학생들이 많은 지식을 얻지는 못할 것 같다.

기본적으로 지식의 양이 문제라고 생각하지 않는다. 학생들이 현장의 문제를 해결할 수 있다는 자신감을 갖는 것이 더 중요하다고 생각한다. '지식의 양'은 있으면 좋은 것이지만 '문제 해결 역량'은 꼭 필요한 것이기 때문이다.

소통과 협력을 배우는 팀 프로젝트

각자의 업무 일과를 떠올려 보자. 일하는 동안 우리는 주로 무엇을 하고 있는가. 우리는 대부분의 시간을 문서를 만들거나 회의를 하면서 보내고 있다. 문서를 만들고 회의를 하는 목적은 무엇일까. 바로 자신이 갖고 있는 생각을 다른 사람에게 전달하기 위해서다. 그렇다면, 우리는 왜 우리의 생각을 다른 사람에게 알려야 하는 것일까. 혼자서 해결할 수 있는 문제보다 협업으로 해결할 수 있는 문제가 더 많기 때문이다. 그래서 현실의 문제를 해결하기 위해서는 전문적인 지식과 경험뿐 아니라 협력과 소통 능력이 중요하다. 올린이 협력과 소통을 교육의 핵심으로 삼고 있는 이유도 바로 이것이다. 협력과 소통의 능력은 자신의 생각과 아이디어를 다른 사람들에게 전달하고 행동하게 만드는 강력한 무기다.

올린은 21세기 엔지니어에게 필요한 역량을 '엔지니어 사고방식의 의미What Does It Mean to Think Like an Engineer'라는 글에서 명확하게 정의하고 있다. 리처드 밀러 총장은 이 글에서 오늘날 엔지니어가 풀어야 할 문제를 '그랜드 챌린지 프로블럼Grand Challenge Problems'이라고 밝히고 있다.[4] 기후 변화, 저개발 국가의 위생 문제와 같은 도전적인 문제를 해결하는 것이 21세기 엔지니어가 해야 할 일이고, 이러한 문제는 엔지니어 혼자만의 역량으로는 해결하기 어렵다. 여러 분야의 전문가들이 함께 모여 협업과 소통을 통해 해결책을 마련해야만 문제를 풀 수 있다. 그래서 21세기 엔지니어에게 협력과 소통의 능력은 선택이 아니라 필수다.

올린은 학생들의 협력·소통 능력을 높이기 위해 팀 프로젝트를 활용하고 있다. 학생들은 한 학기에 평균 1~2개의 팀 프로젝트에 참여한다. 그렇다고 학교가 교수에게 팀 프로젝트를 운영하라고 강제하는 것은 아니다. 오히려 교수와 학생들이 자발적으로 팀 프로젝트 형태를 만드는 경우가 더 많다. 개인 프로젝트로 진행되는 수업이라도 유사한 분야의 학생들끼리 모여서 팀 스터디를 한다.

팀 프로젝트는 한국 대학에서도 흔히 활용하는 과제 수행 방식이다. 우리나라 대학과 올린 사이에는 어떤 차이가 있는 걸까. 차이점을 알기 위해 올린의 팀 프로젝트가 진행되는 전체 과정을 면밀하게 살펴보았다. 그 과정에서 발견한 가장 큰 차이는 교수의 역할이 코치로 제한된다는 점이다. 코치의 역할은 학생이 갖고 있는 잠재 역량을 최대한 끌어내는 데 있다. 올린의 교수들은 학생들을 평가하거나 프로젝트 성공의 방법을 알려 주는 역할은 하지 않는다. 교수는 학생이 목표하는 바를 향해 달려갈 수 있도록 도와주고, 넘어지면 일으켜 세워 주고, 실패에서 배울 수 있도록 격려해 준다. 학생 개개인과 상호 작용하며 아주 적극적으로 코치 역할을 수행한다.

예를 들어 팀워크에 문제가 생겨 프로젝트 진행에 어려움이 있으면, 교수는 무엇이 문제인지 학생과 함께 파악하고 해결 방안을 수립할 수 있도록 돕는다. 해결 방안을 찾아서 팀워크를 높여 가는 경우도 있고 그렇지 않은 경우도 있다. 만약 문제의 원인을 해결할 수 없다는 판단이 내려지면 학생들의 의견을 들어 팀을 해산시키기도 한다. 이 모든 과정에서 교수는 학생들에게 지시를 하는 것이 아니라 어떻게 의견을 조정하면서 문제를 해결해 나가야 하는지, 어떻게 의견을 모으는지를 직접 보여 준다.

또 한 가지 다른 점은 실패를 대하는 교수의 태도다. 올린에서는 실패에서 학생이 무엇이든 배울 수 있도록, 그리고 그 배움으로 문제 해결 방안을 학생 스스로 깨달을 수 있도록 돕는 것이 교수의 역할이다. 실패를 점수로 평가하고 교육 과정을 마무리하는 우리의 교육과는 너무나 달랐다. 실패를 통해서도 배우고 성장할 수 있다는 것을 깨닫는 순간, 학생들은 실패의 두려움을 극복하고 새로운 시도를 할 수 있다. 그리고 이러한 분위기가 팀의 협력과 소통에 밑거름이 된다. 성공해야만 한다는 압박감 속에서는 자유롭게 아이디어를 공유하기 어렵다. 소통이 단절되면 협력도 어려워질 수밖에 없다. 어떠한 경우라도, 심지어 프로젝트가 실패하더라도, 그 안에서 배우고 성장할 수 있다는 확신을 학생들에게 심어 준다면 그것이 보다 생산적인 팀 프로젝트 과정과 결과물을 만들어 내는 원동력이 된다. 교수들은 코치로서의 역할 외에 프로젝트 매니저의 역할도 수행한다. 업무를 정의하고, 배정하며, 일정을 조율한다. 학생들은 교수가 의견을 조율하는 과정이나 커뮤니케이션하는 과정, 팀워크를 다지는 과정을 보면서 배우고 성장한다. 그렇게 학생들은 교수를 본으로 삼아 소통·협력 능력을 키운다.

성공적인 팀 프로젝트를 위해 또 하나 필요한 것이 바로 팀원인 학생들의 마인드세트mindset다. 올린에서는 학생들이 협업과 소통을 받아들이는 마인드세트를 만드는 데에 많은 노력을 기울인다. 올린은 새로운 엔지니어 인재상을 정의하면서 협업과 소통의 마인드세트를 제시하고 있다.

"엔지니어는 현장의 문제를 해결하는 사람이다. 현장의 문제는 대부분 단일 기술로는 해결할 수 없다. 때문에 여러 방면의 지식이 필요하다. (…중략…) 21세기 엔지니어 교육은 문제를 정의하고 해결하기 위해 적합한 기술을 찾고, 이를 적용하는 것에 초점을 두어야 한다. 가장 중요한 것은 적용 능력adaptability이다. (…중략…) 그래서 협력과 소통으로 새로운 기술을 적용하고 문제를 해결하는 것이 중요하다."[5]

올린의 교수들은 새로운 엔지니어 인재상을 바탕으로 협업과 소통이 왜 중요한지, 그것이 얼마나 큰 가치인지, 그런 능력을 갖춘 사람이 얼마나 대단한 일을 할 수 있는지를 지속적으로 강조한다. 교수들이 학생들에게 소개하는 수많은 조언 가운데 한 가지 의미 있는 이야기를 들어 보자.

"그냥 있는exist 사람이 아니라 존재하는present 사람이 돼라. 있는 사람과 존재하는 사람은 완전히 다르다. 그냥 있는 사람은 주변에 아무런 영향을 주지 못한다. 반면 존재하는 사람은 주변에 영향을 주면서 상호 작용을 한다. 매 순간 팀에서 함께 고민하고 있는 친구들 사이에서 서로 의미 있는 존재가 되기 위해 노력해야 한다. 그것이 바로 지금 여기 우리가 모여 있는 이유다."

마이크로소프트는 매년 올린 졸업생 가운데 10~20퍼센트의 학생들을 직접 리크루팅한다. 대부분 프로젝트 매니저의 역할을 담당하는 포지션이다. 마이크로소프트가 학부 졸업생을 프로젝트 매니저로 영입하는 경우는 올린 졸업생이 유일하다고 한다. 올린 학생들의 탁월한 협력·소통 능력이 사회적으로도 이미 검증된 것이다.

팀 프로젝트 수업 교수인 제시카 타운센드Jessica Townsend, 마크 서머빌Mark Somervill, 조너선 스토크를 인터뷰했다.

교수의 커뮤니케이션, 팀워크 능력을 높이기 위한 특별한 방법이 있나?

교수의 커뮤니케이션, 팀워크 역량을 높이기 위해 별도로 지원을 받는 것은 없다. 과거에 외부 전문가를 써서 교육도 받아 봤지만 큰 소득이 없었다. 실제 학교와 교육 현장 안에 들어와서 함께 노력하고 실행해 나가지 않는다면 진정한 변화를 만들어 낼 수 없다. 안에서부터 노력하고 하나씩 만들어 갔던 것들이 10년 동안 이어져 지금의 올린 문화로 자연스럽게 정착된 것 같다.

아직 올린 교수들이 커뮤니케이션과 팀워크 능력에서 완전하다고 생각하지 않는다. 우리도 안으로는 많은 문제를 겪고 있다. 학교를 처음 시작할 때 교수들끼리 협업과 커뮤니케이션이 되지 않아 힘든 시간을 보내기도 했다. 워낙 파격적인 시도를 하다 보니 의견 충돌도 상당히 심했다. 올린에서 일어난 모든 일들은 어느 것 하나 쉬운 게 없었다. 그렇게 어려운 길을 오랜 시간 걸어오다 보니 협업과 커뮤니케이션 능력도 자연스럽게 높아진 것이 아닌가 생각한다.

팀 프로젝트를 하다가 학생들 사이에 의견 충돌이 있는 경우 어떻게 대처하나?

공통의 팀 목표를 명확하게 하는 것이 중요하다. 의견 충돌이 발생하는 가장 큰 원인이 바로 불명확한 목표다. 팀 동료끼리 배우는 일의 가치를 꾸준히 이야기해야 한다. 독불장군처럼 혼자 잘해서 좋은 프로젝트 결과물을 만드는 것보다 동료와 함께 프로젝트를 하면서 배우는 것들을 깨달을 수 있게 돕는다. 예를 들어 팀의 한 학생이 소프트웨어 개발 능력이 부족해서 팀에 별 도움이 되지 않는다고 판단되더라도, 부족한 학생을 도와주면서 얻을 수 있는 가치들을 구체적으로 알려 주는 것이다. 학생들이 다양한 관점에서 서로 돕고 가르치고, 함께 배우며 성장하는 것의 중요성을 알아야 한다. 그래서 팀에서 각자가 무언가 하나씩은 자신만의 것을 배울 수 있도록 목표를 세운다.

만약 현재의 팀에서 원하는 목표, 배움의 가치를 발견할 수 없다면 팀을 바꿀 수 있는 기회를 주기도 한다. 교수는 학생에게 가이드를 줄 뿐이지 반드시 특정한 팀원들과 함께 프로젝트를 성공시켜야 한다고 규정하지 않는다. 의견 충돌을 조정하기 위해서 최선을 다하지만 학생이 최종적으로 내린 선택은 존중해 주어야 한다.

프로젝트 수업에서 학생 평가는 어떻게 이루어지나?

문과 계열보다 이공 계열은 상대적으로 점수화할 수 있는 요소가 많아서 평가가 쉬울 것이라고 생각하는 경향이 있다. 그런데 이공 계열에서도 프로젝트 수업 평가는 쉬운 일이 아니다. 예를 들어 건축물을 설계했다고 가정해 보자. 팀이 아주 독특한 형태의 건축물을 지었는데 어떤 교수는 엄청난 아이디어라고 평가할 수도, 또 어떤 교수는 바보 같다고 평가할 수도 있다. 어떠한 경우에도 완벽하게 객관적이고 합리적인 평가는 이루어질 수 없다. 이것을 전제로 하고 올린의 프로젝트 평가 방법을 이야기했으면 한다.

올린에서는 시험을 보는 경우가 많지 않다. 한 학기에 1~2개 정도의 과목에서만 시험을 본다. 대부분은 시험 대신 결과물을 평가한다. 프로젝트 수업도 대부분 결과물을 중심으로 평가가 이루어진다. 다만 결과물만을 보고 평가를 하는 것이 아니라 그것이 만들어지는 과정까지 평가에 포함한다. 결과물을 만들어 가는 과정에서 교수는 코치 역할을 수행하며 계속해서 학생과 피드백을 주고받는다. 이 과정에서 학생들의 배움을 면밀하게 관찰할 수 있다. 피드백을 얼마나 잘 흡수했는지, 그것을 바탕으로 또 얼마나 개선되었는지, 성장했는지를 아주 상세하게 파악할 수 있다. 물론 처음에는 이런 방식으로 평가하는 것이 어렵다. 하지만 경험이 쌓이다 보면 합리적인 방법을 발견할 수 있다.

그리고 여러 교수들이 서로 의견을 나누면서 평가를 하는 편이다. 프로젝트 수업의 과정과 결과를 교수 혼자서 평가하는 것은 너무 어렵다. 여러 교수가 함께 고민하고 이야기하다 보면 보다 정교한 평가 논리가 나온다. 물론 처음에는 교수들의 의견이 갈리기도 하지만 포기하지 않고 꾸준히 의견을 나누고 논리를 세우다 보면 꽤나 멋진 결론에 이를 수 있다.

2 학생을 움직이게 하라

학점은 무기가 아니다

일반적으로 교육 시스템은 제도schooling, 강의teaching, 배움learning으로 구성된다. 제도는 학년의 구성과 학년별로 배워야 할 과목, 수업 시간, 출석 일수 등을 포함한 규정이다. 강의는 교수가 제도에 맞춰서 학생들을 가르치는 활동이다. 마지막으로 배움은 제도와 강의에서 발생하는 학생들의 성장이며 교육의 근원적인 목적이다.

결국 학교라는 제도와 강의가 존재하는 이유는 학생들의 배움을 위해서다. 그런데 지금 우리의 교육은 학생들을 통제하기 위한 제도와 강의로 구성되어 운영되고 있다. 학생 개개인의 흥미나 관심은 규정된 제도를 벗어난 통제 대상일 뿐이다. 학교는 제도적으로 정해진 것을 교육하고 그것만 공부하도록 만드는 수동적 배움터에 불과하다. 지금처럼 많은 학생들을 한꺼번에 교육하려면 제도라는 표준화된 방식 안에 학생을 밀어 넣고 마치 기계로 제품을 찍어 내듯 교육을 할 수밖에 없다. 제도 안에서 가르치기만 하면 학생들이 배웠을 것이라는 가정을 하고 시스템을 돌리고 있는 꼴이다. 그렇게 교육의 주객이 전도되면서, 교육의 틀인 시스템만 남고 교육의 목적인 학생의 배움은 사라져 버렸다.

올린은 교육의 본질인 배움에 집중하라고 강조한다. 중요한 것은 학생의 배움이다. 제도와 강의는 학교, 교수가 주도하는 것이지만, 배움은 학생이 주도해야 하는 일이다. 때문에 교수는 끊임없이 학생들이 배움을 경험했는지 아닌지를 살펴야 한다. 배움은 교수가 잘 가르쳤다고 해서 끝나는 것이 아니다. 학생들이 잘 배우는 것으로 실현된다. 그러기 위해서는 학생들 스스로가 배움의 의미를 깨달아야 한다. 그러나 보통의 학생들은 점수와 평가에만 민감하게 반응한다. 점수를 가지고 일등부터 꼴등까지 줄을 세우는 세상에서는 어쩌면 당연한 결과다. 실제로 대학도 학점을 무기 삼아 학생들에게 공부를 강요한다. 학생들이 자신을 위해 공부하는지 학점을 따기 위해 공부하는지 구분하기 어려울 정도다. 그렇게 사회에 나가 보면 학점을 위한 공부는 소용없다는 것을 깨닫는다. 점수라는 것은 학생의 배움에서 부족한 부분이 어디인지를 알려 주는 것, 그 이상의 의미는 없다. 하지만 우리 교육에서 점수는 배움보다 우선하는 가치다.

올린에서 학점은 배움을 위한 수단일 뿐이다. 점수는 자신이 부족한 부분을 스스로 파악하는 데에만 쓰인다. 학점에 대한 교수와 학생의 인식 변화를 위해 올린은 아주 오랫동안 공을 들였다. 교수들은 학생들에게 수시로 배움이 중요한 것이지 평가나 점수는 의미가 없다고 강조한다. 프로젝트 수업에서 실패했더라도 배운 것이 있다면 학점을 깎지 않는다. 학점이 낮은 학생들에게는 부족한 부분이 무엇인지를 설명한다.

올린에서 점수는 학생의 능력을 평가하는 잣대가 아니라 학생이 앞으로 배워야 할 부분이 무엇인지를 알려 주는 바로미터다.

물론 십수 년간 점수를 따기 위해 고생한 학생들이 교수들의 말 몇 마디로 단번에 생각을 바꾸지는 않는다. 올린은 학점의 의미를 바로잡기 위해 특단의 조치를 취했다. 바로 첫 학기에 듣는 모든 수업에서 학점을 매기지 않는 것이다. 첫 학기의 수업은 패스pass/논패스non-pass로 구분되며 논패스가 되더라도 기록에는 남지 않는다. 그게 무슨 대단한 조치냐고 반문하는 사람도 있을 것이다. 나 역시 처음 이 얘기를 듣고는 별것 아닌 일이라고 생각했다. 그러나 올린의 교수들은 이 제도가 얼마나 큰 변화를 만들어 냈는지 들려주었다.

올린에 입학한 학생들은 학점이 없는 첫 학기에 큰 혼란을 겪는다. 점수가 없으니 열심히 안 해도 되는 것 아닌가 생각하게 되고, 결국 대부분이 패스를 받을 정도로만 노력하자는 결론을 내린다. 대충 해도 된다는 마음으로 첫 학기를 시작하는 것이다. 실제로 학생들의 초반 수업 참여도는 교수들의 예상보다 낮다고 한다. 미국에서 손에 꼽히는 우수한 학생들이라도 해도, 대부분 자신의 성장이 아니라 점수를 목표로 공부해 온 셈이다.

그러나 학점이 없는 수업에서 학생들은 점수가 아닌 재미를 발견하기 시작한다. 점수를 딸 필요가 없으니 남이 알

아주는 '스펙'을 쌓기 위한 선택은 할 필요가 없다. 내가 흥미를 느끼는 과제를 찾아서 내가 만족하면 되는 것이다. 여기에서 학생들의 내적 동기가 발현된다. 학생들은 점수가 아니라 배움이 수업이 본질이라는 것을 깨닫는다. 올린 교수들에 따르면 1학기 말이 학생들의 학습 동기가 최고조에 달하는 시기다. 학점이 부여되는 2학기에는 학생들의 동기가 급격하게 떨어진다. 2학기를 지나 3학기, 4학기가 되면 배움에 대한 깨달음이 체화되고 학점의 의미가 변화된다. 1학기에 경험했던 배움의 재미와 만족감이 2학기 이후의 동기 회복에 도움을 주는 것이다.

올린 재학생 샤론은 나와의 인터뷰에서 학점 없는 수업이 배움의 동기를 만들어 주었다고 말했다. 그의 이야기를 들어 보자.

> 고등학교 때까지 좋은 대학에 입학하기 위해 점수에 목숨을 걸고 공부했다. 그런데 올린에 들어왔더니 1학기 수업이 모두 패스/논패스로 평가되고, 논패스를 해도 기록에 남지 않는다는 것이다. 많이 당황했다. 학기 초에는 도무지 적응이 되지 않았다. 학점도 없는데 열심히 할 필요가 있을까 하는 생각도 들었다. 학기를 시작할 때는 열심히 공부하지 않았다. 대부분의 학생들이 나와 비슷한 생각을 하면서 학교에 다니고 있었다.

그런데 이상하게 시간이 지날수록 공부하고 배우는 것이 점점 재미있게 느껴졌다. 생각한 것을 실제로 만들어 보기도 하고, 넓게만 배워 온 이론이나 개념이 실제로 어떻게 적용되는지 깊이 있게 배우고 경험하면서 배움이 즐거운 것이라는 사실을 조금씩 깨닫게 되었다. 그렇게 한 학기를 보내면서 자연스럽게 학점 중심이 아니라 배움 중심으로 세뇌가 되어 버린 것 같다. 2학기부터 학점이 나오기 시작하면 잠깐 동안은 과거 습관대로 점수에 신경 쓰게 되지만 점수만을 위한 수동적인 방식의 학습을 하는 학생은 대부분 사라진다. 진정한 배움에 대해서 고민하는 친구들이 훨씬 더 많아진다. 그리고 온전히 배움의 즐거움을 다시 느끼기를 갈망하는 학생들이 많아진다. 그런 것들이 학년이 올라갈 때도 계속 영향을 주는 것 같다.

교육이 시작되는 초기에 학생들의 동기를 높이는 것이 중요하다. 꾸준히 학습 동기를 높이는 것보다 초기에 많은 에너지를 투입하는 것이 훨씬 유리하다. 한번 학생들의 내적 동기와 자기 효능감이 높아지기 시작하면 그다음부터는 스스로 배움과 성장에 집중할 수 있다.

베스트셀러 작가 댄 핑크Dan Pink의 저서 《드라이브Drive》는 동기 부여를 완전히 새로운 관점에서 설명하고 있다. 핑크의 분석에 따르면, 반복적이고 기계적인 업무에서는 금전적 보상reward이 업무 동기와 성과를 높인다. 반면 사고 능력이 많이 요구되는 업무에서는 금전적 보상이 업무 성과를 높이는 데 크게 기여하지 못하거나, 오히려 성과를 떨어뜨린다. 창의적이고 복잡한 문제를 해결해야 하는 경우, 금전적 보상은 효과가 없다는 얘기다.[6] 교육과 배움은 고도의 사고 과정을 거쳐 이뤄지는 복잡한 활동이다. 결국 교육과 배움에 있어서 금전적 보상과 같은 외적인 요인은 동기를 높이기 어렵다. 금전적 보상을 교육에 적용한다면 학점과 같은 수치로 환산되는 결과일 것이다.

올린은 외압external regulation으로 배움을 주입하는 방식을 강하게 비판한다. 학생이 많다는 이유로, 편하다는 이유로 학점을 무기로 학생들에게 공부를 강요해서는 안 된다고 말한다. 어떤 상황에서든 학생들의 내적 동기를 높일 수 있는 방안을 고민해야 하는 것이 교육자의 임무다. 출석을 체크하고 학점을 매겨서 학생들이 공부를 하게 만드는 것으로 교육자의 역할을 완수한 것 같은 착각을 할 수도 있다. 그러나 그것은 말 그대로 착각이다. 교육자는 학생들이 배움의 의미를 깨닫고 배움의 즐거움을 느낄 수 있도록 도와야 한다. 결국 진정한 배움을 위해서는 교수가 깨어 있어야 한다.

지식을 주입하려 하지 않고 공부하고자 하는 동기를 끌어올리는 데 집중하는 올린의 교육 철학을 접하면서 나는 인도의 성직자 비노바 바브Vinoba Bhave의 명언이 떠올랐다.

"교육은 학생들의 머리에 정보를 채우는 일이 아니라, 지식에 대한 갈망을 불러일으키는 일이다."

외부 규제와 내적 동기

올린에서 교수의 가장 중요한 역할은 학생 개개인의 내적 동기를 끌어내는 것이다. 배움은 즐거운 과정이어야 한다. 머리로 공부하는 것이 아니라, 마음에서 우러나는 욕구에 의해 공부하도록 만들어야 한다. 학생이 배움의 필요성을 깨닫고, 더 공부하고 싶다는 생각이 들도록 하는 것이 올린의 교수들이 해야 할 일이다.

보통의 교수들은 너무나 쉽게 학생의 학습 동기가 부족하다고 단정 짓는다. 그러나 누구에게나 배우고 싶은 욕구와 동기가 있다. 동기가 드러나는 분야가 조금씩 다를 뿐이다. 학습 동기가 떨어지는 학생은 아직 관심 가는 분야를 찾지 못한 것일 수 있다. 그래서 교수는 학습 동기가 없다는 판단을 내릴 것이 아니라 동기를 아직 발견하지 못했다고 전제하고 학생을 지도해야 한다. 이것은 올린의 교수들이 학습 동기를 이야기할 때 공통적으로 했던 말이다. 너무나 많은 올린의 교수들이 똑같은 이야기를 해서 놀랄 정도였다. 그만큼 올린에서는 학생의 학습 동기를 이해하는 관점이 학교의 철학으로 굳

건하게 자리 잡고 있었다.

올린은 여러 해에 걸쳐 학생들의 학습 동기를 끌어내기 위한 주요 원칙을 설계했다. 가장 기본적인 원칙은 외부적 규제를 통한 교육에서 내적 동기를 중심으로 한 교육으로 전환하는 것이다. 이는 적합한 학습 환경을 구축함으로써 실현 가능하다. 올린에서는 학생들의 내적 동기를 위해 교수들이 고민해야 할 가장 중요한 학습 환경을 자신감competence, 연결성relatedness, 자주성autonomy, 세 가지로 정의하고 있다.

자신감

학생들이 배움에 자신감을 갖게 하는 것이 내적 동기를 끌어내는 가장 중요한 요소다. 그리고 자신감을 키우는 방법으로 스케폴딩scaffolding을 중요하게 이야기한다. 교육학에서 강조되는 이 개념은 학생이 문제를 해결하는 성공 체험을 할 수 있도록 적절히 지원해 주는 것을 핵심으로 한다. 단순히 가이드를 제공하는 것을 넘어 구체적인 피드백을 주기도 하고, 교정해 주기도 하고, 시범을 보이거나 문제의 일부를 해결해 주면서 하나씩 성공을 경험하게 하는 것이다. 이러한 과정에서 학생 스스로 문제를 해결할 수 있다는 자신감을 얻는 것이 스케폴딩의 기본 목적이다.

그러나 열심히 도와주는 것만이 다가 아니다. 학생 수

준에 맞는 단계별 과제를 제공하는 것도 중요하다. 학습하는 내용이 너무 어려워도, 또 너무 쉬워도 학습 동기가 떨어진다. 적절한 수준의 난이도가 있는 문제를 풀면서 성장할 때 학습에 자신감이 생긴다. 학생마다 가지고 있는 능력과 학습 동기가 다르기 때문에 개별 지도를 해야 스케폴딩 방식의 교육이 가능하다. 저학년일수록 스케폴딩이 중요하고, 효과도 크다. 한 학기를 기준으로 봤을 때는 학기 초에 교수가 많은 도움을 주다가 단계별로 줄여 나가면서 나중에는 학생이 스스로의 힘으로 문제를 해결하고 있다고 믿게 하는 것이다.

올린의 교수들은 스케폴딩을 체계적으로 적용하기 위해 과목에 특화된 학습 프로세스나 프레임워크를 만들기도 한다. 예를 들어 학생들이 과목에서 단계별로 성취해 나가야 하는 것들을 프로세스 형태로 정리한 뒤 각 단계에서 어떤 문제가 학생들을 괴롭히는지, 어떤 어려움 때문에 해당 단계를 넘어가지 못하는지를 파악한다. 그리고 교수가 어느 정도까지 도움을 주어야 하는지를 구체적으로 기록한다. 이렇게 학생들로부터 얻은 학습 과정의 정보를 바탕으로 학습 프로세스를 만들고 각각의 단계에서 교수들이 어떤 역할을 수행해야 하는지 구체적으로 정의한다.

올린의 과목 중 하나인 '자연의 디자인Design of Nature'이라는 과목은 스케폴딩의 효과를 잘 보여 준다. 학생들은 곤충의 동작에서 가장 특징적인 부분을 선정하고 그 동작을 만들기 위한 방법을 구상해 스케치한다. 프로토타입을 만들어 손으로 동작시켜 본 후에 마지막으로 제품을 제작한다. 각각의 단계에서 교수는 학생들이 빈번하게 실수하는 요인들을 과거 사례를 바탕으로 파악하고 충실히 조언해 준다. 스케치의 문제점이 실제 제품을 만들었을 때 어떤 영향을 미칠 수 있는지, 제품을 제작할 때 발생할 수 있는 위험은 무엇인지 등을 구체적으로 알려 주는 것이다. 이런 지원을 바탕으로 학생들은 성공적으로 최종 제품을 만들어 낼 수 있다.

스케폴딩으로 학생들의 학습 과정을 도와준 이후에는 학생의 손으로 무언가를 만들게 한다. 성취감은 학습 자신감을 높이는 데 매우 중요한 요소다. 그래서 올린의 교수들은 학생들이 결과물을 만들어 내는 형태로 수업을 설계한다. 그것이 바로 성공 경험mastery experience이다. 물론 모든 결과물이 훌륭하게 작동하는 것은 아니다. 그러나 교수는 학생들이 만드는 과정에서 배운 것에 집중하도록 지원한다. 결과물이 제대로 작동하지 않는 이유를 처음부터 끝까지 학생과 교수가 함께 분석한다. 그 과정에서 학생들은 무엇이 문제였는지를 정확히 이해하고 깨닫는다. 문제의 원인을 깊이 이해하면 실패도 좌절감이 아닌 앞으로의 성공을 위한 자신감으로 이어질 수 있다.

마지막으로 중요한 것이 교수와 학생 간의 친밀성connection

이다. 교수와 학생의 심리적 거리가 멀면 스케폴딩이 제대로 진행될 수 없다. 학생 개개인의 상황을 파악하고, 겪고 있는 어려움을 함께 해결해 나가면서 성장을 돕는 것이 스케폴딩의 핵심이다. 여기에서 올린의 장점이 발휘된다. 올린의 교수와 학생 사이에는 소통의 장벽이 없다. 올린에서는 학생은 편하게 앉아 있고 교수는 서서 대화하거나 장난을 치는 광경을 자주 볼 수 있다. 격의 없이 자연스럽게 학생들과 어울리는 교수들은 스승이라기보다 친구이자 조력자 같았다.

연결성

학생들의 학습 동기를 높이는 또 다른 요소는 연결성이다. 일반적으로 학교에서는 완벽한 조건을 전제로 구성된 이론 지식을 학습하는 경우가 많다. 그러나 현실 세계에서 이론이 필요로 하는 완벽한 조건을 만들어 내는 일은 불가능에 가깝다. 결국 학생들은 책으로만 배운다. 실제로 보거나 만들거나 경험하지 못한다. 그러다 보니 자연히 학습에 흥미를 잃는다. 한 학기 동안 열심히 책을 외우고 얼마 지나지 않아 대부분 잊어버리기를 반복한다.

진정한 배움이 일어나기 위해서는 지식을 실제 상황과 끊임없이 연결할 수 있어야 한다. 그 과정에서 학생은 배움의 목적과 의미를 인식한다. 지금 배우는 것들이 어떤 문제를 해결하기 위한 것인지, 그 문제를 해결함으로써 어떤 효과를 기대할 수 있는지를 알아야 배우고 싶어진다. 이것이 바로 올린에서 이야기하는 학습 과정의 연결성이다.

올린 교수들은 수업을 설계할 때 연결성을 높이기 위해 다양한 노력을 기울인다. 첫 번째는 지역 사회와의 연결성을 만드는 것이다. 올린에는 지역 사회와 연결한 형태의 수업들이 있다. 그중 하나가 '사용자 지향적 협업 디자인User Oriented Collaborative Design'이다. 이 수업은 한 학기 동안 지역 사회의 특정 그룹을 정하고, 그들이 가장 필요로 하고 관심이 있는 제품을 학생들이 직접 만드는 방식으로 진행된다. 초등학생들이 좋아하는 장난감을 만들거나, 거동이 불편한 노인을 위한 디지털 장비를 만들기도 한다. 자전거 배달부에게 필요한 장비를 만드는 경우도 있다.

초등학교 4학년 학생들이 좋아하는 장난감을 주제로 한 수업을 살펴보자. 가장 먼저 교수는 올린 학생들을 데리고 직접 초등학교에 가서 4학년 학생들을 만난다. 몇 차례 인터뷰에서 고객인 4학년 학생들의 니즈를 분석하고, 이를 바탕으로 장난감을 디자인한다. 프로토타입을 만들어 다시 인터뷰를 진행한 후에 최종 제품까지 만든다. 그리고 마지막에는 고객인 초등학생들이 직접 강의실에 와서 장난감을 보고 평가한다. 당연히 고객의 평가 점수가 학점에 가장 큰 영향을 미친다. 수업을 담당했던 교수는 "즐겁게 웃고 떠들던 4학년 학생들이 갑자기 날카로운 눈빛으로 변해 깜짝 놀랐다"고 했다. 올린은 현장을 교육 과정 안으로 가지고 왔다. 실제로 존재하는 문제와 학습 내용 사이의 연결성을 만들어 주는 것이다.

연결성은 수업을 진행하는 과정에서도 매우 중요하다. 학생 혼자서 자기 지식을 채우는 것이 아니라, 옆에 있는 동료 학생과 함께 배우고 성장한다는 의미의 연결성이다. 그래서 올린 수업에는 팀워크가 많은 편이다. 목표가 되는 결과물을 만드는 것 이상으로 중요한 것이 동료에게 배우는 것이다.

올린의 교수들은 연결성을 실현하기 위해 학생들이 다음의 네 가지를 느낄 수 있도록 수업을 디자인한다.

① 내가 하고 있는 일이 중요하다고 느낀다.
② 내가 한 일은 긍정적 변화를 만들어 낼 것이다.
③ 나는 다양한 사람들과 함께하고 있다.
④ 나는 그룹과 사회에 소속되어 있다.

자주성

올린에서 하나의 수업을 듣는 학생들을 대상으로 한 학기 동안 매주 학습 동기가 어떻게 변화하는지를 설문 조사했다. 설문을 분석한 결과, 외적 강제와 내적 동기의 변화가 반비례하는 관계에 있다는 것이 확인됐다. 특히 시험이 실시된 4주 차에는 내적 동기가 급격히 감소하는 것으로 나타났다. 원래 인간의 심리가 이렇다. 열심히 공부하고 있다가도 부모님이 와서 "공부해!" 한마디라도 하면 공부하고 싶은 마음이 사라져 버린다. 자유가 조금이라도 제한되고 있다고 느끼는 순간, 목적한 행동에 강한 반발 심리가 생긴다. 행동을 하도록 만들기 위해서는 자유 의지가 그만큼 중요하다.

자유 의지와 관련한 실험이 있다. 실험 참가자가 거리에서 버스표를 사는 데 필요한 돈을 달라고 부탁한다. A그룹에는 '버스를 탈 수 있게 돈을 좀 주십시오'라고 말하고, B그룹에는 '버스를 탈 수 있게 돈을 좀 주시겠습니까? 돈을 줄지 말지는 당신의 자유입니다'라고 말한다. A그룹에는 요청만 하고, B그룹에는 요청을 수락할 것인지 말 것인지 자유 의지를 환기시켜 준 것이다. 그 결과 돈을 주는 사람의 비율이 A그룹은 10퍼센트, B그룹은 40퍼센트였다. 평균 금액도 A그룹보다 B그룹이 45퍼센트나 높게 나타났다.[7]

이처럼 자유 의지는 자발적 행동을 유발하는 데 꼭 필요한 요소이다. 특정 행동을 유도하기 위해 자유 의지를 단순히 환기시켜 주는 것만으로도 큰 효과를 얻을 수 있다.

교육 기관의 핵심은 배움에 있고, 배움은 전적으로 학생에게 달려 있다. 그럼에도 불구하고 우리는 자유로움을 제한하는 외적 강제로 교육을 하고 있다. 이러한 방식은 학생들의 배움에 도움이 되지 못한다. 외적 강제를 중심으로 하는 교육 방식은 제도와 강의를 중심에 둔 잘못된 교육관의 결과물일 뿐이다.

그렇다고 외적 강제가 높아지면 학습에 대한 내적 동기가 떨어지니, 숙제도 내지 말고 시험도 치지 말자는 것은 아니다. 학생들의 배움에 도움을 주기 위해서는 학생들이 해야만 하는 최소한의 것들이 있다. 이런 것들을 모두 없애 버리고 완전한 자유를 주라는 것은 아니다. 다만 교수의 일방적인 생각으로 정해진 룰에 따라야만 한다고 강요한다면 학생들의 내적 동기가 떨어진다는 사실을 깊이 이해해야 한다. 교수들은 학생들이 필요한 최소한의 것들을 하도록 유도하고, 동시에 내적 동기를 높이기 위한 방법에 대해 더 많은 시간을 고민해야 한다. 올린에서는 시험과 과제, 학점과 같은 외적 강제 요소만을 가지고 학생들이 공부를 하도록 만드는 교수들의 마인드세트를 바꾸기 위해 끊임없이 노력한다. 동기 부여가 된 상태와 그렇지 않은 상태의 사례를 공유하면서 외적 강제를 활용한 교육 방식을 경계하는 분위기를 만든다.

교수가 시킨 공부를 해야 하고, 교수가 시킨 숙제를 해야 하고, 교수가 시험에 낼 이론을 암기해야 하는 우리의 학습 과정에서 자주성은 불필요한 요소이다. 하지만 올린은 학생을 누군가 시켜서 배우는 존재가 아니라 스스로 배움을 설계하고 성장해 나갈 수 있는 자주적인 존재로 여긴다. 자주성을 갖는 것이 학습 동기를 높이는 데 매우 중요한 요소라고 정의하고 수업을 설계한다. 이는 곧 학생 개개인이 원하는 방식으로 학습을 한다는 것이고, 교수는 다양한 학생의 관심사와 적성에 맞는 교육을 하기 위해 몇 배나 많은 준비를 해야 한다는 의미다.

올린은 물리, 수학, 화학과 같은 이론 지식을 배울 때도 학생들이 원하는 주제를, 원하는 방식으로 배울 수 있도록 한다. 책에 나오는 수많은 이론, 개념 가운데 각자가 관심이 가는 몇 가지 이론을 정한다. 그리고 교수는 학생과 함께 학습 목표와 과정을 디자인한다. 교수는 학습에 필요한 문제를 내주기도 하고 참고할 만한 논문을 주기도 한다. 모든 과정은 학생이 과목 포트폴리오를 만들어 가면서 정교하게 다듬어진다. 물리의 경우, 한 학기가 지나고 나면 학생별로 하나의 큰 바인더가 만들어진다. 그 안에는 각자 관심을 갖고 있는 몇 가지 이론에 대한 수많은 자료와 학습 내용이 정리되어 있다. 물리학을 가르치는 예브게니야 자스타브커Yevgeniya V. Zastavker 교수와의 인터뷰에서 자주적인 교육이 이루어지는 방식을 보다 상세히 이해할 수 있었다.

올린에서 물리를 가르치고 있다. 학생이 30명 정도 되는 클래스를 매년 진행한다. 학기 중반까지 물리 이론과 개념을 함께 공부하다가 중반 이후부터는 학생이 남은 학기 동안 무엇을 어떻게 공부할 것인지를 직접 정한다. 개별적으로 학생과 커뮤니케이션하면서 무엇을 공부하고 싶은지, 어떤 결과물을 만들 것인지, 그리고 어떻게 평가받는 것이 좋을지를 함께 이야기하고 정한다. 혼자 공부하고 학기 말에 시험을 치겠다는 학생도 있고, 관심 있는 분야를 공부하고 그 과정을 포트폴리오 형태로 정리하여 평가받겠다는 학생도 있고, 논문을 써서 평가받겠다는 학생도 있다.

어떤 방식을 택하든 한 가지 지켜야 하는 룰이 있다. 그것은 학생들이 물리를 학습해 가는 과정을 자세히 기록하면서 한 학기 동안 자신만의 포트폴리오를 만들어야 한다는 것이다.

처음 반 학기 동안 만들어지는 포트폴리오는 대부분 교수가 가르쳐 주는 것을 중심으로 만든다. 하지만 이후 반 학기는 완전히 학생 주도로 만들어진다. 학기 초에는 대부분의 학생들이 포트폴리오를 제대로 만들지 못한다. 본인이 주도적으로 배움의 과정을 설계하고 그것을 채워 나가는 것이 익숙하지도 않고 어렵게 느껴지기 때문이다. 하지만 시간이 지나고 학생 스스로 배우는 과정에 익숙해지면 점점 포트폴리오가 나아진다. 학기 말에는 하나의 완전한 물리 포트폴리오가 만들어진다.

자신이 배우고 싶은 내용을 정의하고 스스로 학습하고 성장할 수 있는 기회를 주는 것이 중요하다. 교수는 이 과정을 도와주는 조력자 역할을 함으로써 학생들이 주도권을 가질 수 있도록 해야 한다. 교수는 학생들이 포트폴리오를 만들어 가는 과정에서 관련된 이론과 지식의 연결성을 높여 주는 역할을 한다. 이렇게 수업 방식을 바꾸면서 학생들의 수업 참여도와 학습 효과가 상당히 높아졌다.

완전히 개인화된 학습 과정을 교수가 돕는 형태로 수업을 운영하는 것이 말처럼 쉽지는 않다. 몇 배의 리소스가 더 투입되어야 한다. 학생들과 더 많이 만나야 하고, 포트폴리오도 봐줘야 하고, 피드백도 줘야 한다. 매 학기가 힘든 도전이다.

3 가르침을 넘어 배움으로

교수는 지식을 전달하는 사람이 아니다

스탠퍼드대학의 피터 노빅Peter Norvig교수와 세바스찬 스런Sebastian Thrun 교수는 세계 각국 16만 명 이상의 학생들에게 인공지능 과목을 가르쳤다. 온라인에서 진행되는 수업은 전 세계 모든 사람들에게 공개됐다. 참여하는 학생들은 매주 새로운 강의 내용을 학습하고, 정해진 시간에 맞춰 숙제를 제출했다. 16만 명의 학생 중 약 8만 명의 학생이 10주 과정을 완벽하게 마쳤고 최종 숙제까지 성실하게 제출해 수료증을 받았다.[8] 이처럼 온라인에서 오프라인 강의실 이상의 학습 결과를 만들어 낼 수 있는 시대가 이미 우리 앞에 열려 있다. 지식과 정보가 빠르게 공유되면서 누구나 원하기만 하면 세계적인 석학의 강의를 들을 수 있게 됐다.

일반적으로 교수라는 직업을 이야기할 때 가장 먼저 떠오르는 단어가 바로 전문가expert다. 실제로 대학이라는 고등교육 기관은 한 분야의 전문가인 교수가 자신의 경험과 지식을 많은 사람에게 전달하기 위해서 만들어졌다고 볼 수 있다. 고급 지식을 갖고 있는 교수는 조금 더 좋은 대학에서 조금 더 좋은 조건으로 일할 수 있다. 학생들은 열심히 공부해서 좋은 교육 기관에 들어가면 조금 더 뛰어난 교수의 경험과 지식을 배울 수 있는 기회를 얻는다. 그래서 좋은 대학에서 좋은 교수에게 배운 학생들은 더 뛰어난 역량을 갖고 있을 것이라는 기대가 생긴다. 그렇게 좋은 대학을 졸업한 학생들에게 더 좋은 기회가 주어진다. 이런 식으로 학벌이 만들어지고, 학벌이 브랜드가 되면서 오늘날 경쟁과 제도 중심의 교육 시스템이 고착화되었다.

하지만 이런 식의 교육 생태계는 더 이상 의미가 없다. 전 세계에서 가장 뛰어나다는 명문대 교수들이 자신의 수업을 온라인으로 공개하기 시작한 것이다. 이제는 좋은 대학에 입학해야만 훌륭한 교수의 수업을 들을 수 있는 시대가 아니다. 인터넷에 연결된 컴퓨터만 있으면 세상에서 가장 훌륭한 교수들의 강의를 자유롭게 들을 수 있는 세상이 되었다. 온라인에서 교수에게 질문할 수 있고 시험도 보고 인증도 받을 수 있다. 무크MOOC·Massive Open Online Course라 불리는 거대 온라인 교육 시스템이 전 세계의 교육 시스템을 완전히 바꾸고 있는 것이다. 무크는 단순히 온라인 강의를 다운로드해서 공유하는 수준을 넘어 강좌와 연결된 커뮤니티를 중심으로 교수와 학생, 그리고 학생과 학생 간의 상호 작용이 일어나는 수준까지 발전했다.

이제는 강의 중심의 교수 역할도 바뀌어야 한다. 단순히 자신이 갖고 있는 지식을 일방적으로 전달하는 것은 의미가 없어졌다. 교수는 학생들이 배움의 재미와 필요성을 느끼도록 만드는 '인에이블러enabler'이자 배움의 과정을 돕는 '헬퍼

helper'로 변모해야 한다. 학생들이 각자에게 맞는 경험으로 자신이 원하는 것을 원하는 형태로 배울 수 있도록 도와줄 수 있는 교육자가 필요하다. 올린에서는 이러한 새로운 교수의 역할을 코치나 멘토, 혹은 '퍼실리테이터facilitator'라고 표현한다.

가르치는 데에 초점을 맞추고 있는 교육자에서 배움을 돕는 코치로 변화하는 일은 쉽지 않다. 엄청난 의지와 용기, 그리고 노력이 필요하다. 가르치는 교수가 돕는 교수로 탈바꿈하는 일은 학생의 현재 능력을 존중하고, 앞으로 자라날 가능성을 믿고, 능력을 키워 주겠다는 의지가 있어야만 가능하다. 일반적인 학교에서 통제의 대상으로 생각해 온 학생들을 존중과 믿음으로 대한다는 것은 아주 어려운 일이다.

대부분의 교수들은 학생들을 믿지 못한다. 교수는 뛰어난 학습 능력을 갖고 있는 경우가 많다. 그래서 일반적인 학생들을 보면 학습 능력이 부족하거나 열심히 공부를 하지 않는다고 생각하기 쉽다. 결국 역량과 경험 모든 측면에서 부족한 학생들은 우수한 교수의 말을 들어야만 한다고 결론을 낸다. 오랫동안 일한 교수들이 학생을 통제와 규제의 대상으로 바라보는 것도 바로 이 때문이다. 하지만 이렇게 생각하는 순간부터 배움 중심, 학생 중심의 교육은 실현하기 어려워진다.

올린은 교수의 역할을 조력자로 규정한다. 교수는 학생들이 경험을 하면서 자신이 원하는 것을 배울 수 있도록 돕는 사람이라는 것이다. 통제와 규제로 학습을 시키는 것이 아니라 자유로움 속에서 학생들의 학습 동기를 불러일으키는 것이 가장 중요한 교수의 역할이다.

알아차리기, 들어주기, 질문하기

올린은 교수가 배움의 조력자로서 역할을 수행하기 위해 필요한 세 가지 핵심 요소를 알아차리기notice, 들어주기listen, 질문하기question로 정의한다.

우선, 모든 문제는 문제의 실체를 정확히 파악했을 때 개선이 가능하다. 그래서 알아차리는 것이 중요하다. 학생들은 배움이 일어나는 과정에서 마주하는 다양한 문제를 여러 가지 방식으로 드러낸다. 학생들이 겪고 있는 문제를 제대로 이해하는 것에서부터 코칭이 시작된다.

두 번째 단계는 들어주는 것이다. 올린의 교수들은 학생들에게 충고를 하지 말라고 조언한다. 충고를 하기보다는 이야기를 들어주고 학생이 스스로 해결하게 두라는 것이다. 나는 처음에 이것이 무슨 의미인지 이해하기 힘들었다. 다양한 경험을 한 교수들이 해주는 충고가 도움이 되지 않는다는 것인가? 그러나 올린의 교수들은 충고야말로 무책임하고 단편적인 해법에 불과하다고 지적한다.

일반적으로 충고를 해주는 것이 들어주는 것보다 훨씬

쉽다. 충고는 상대방의 문제를 대략적으로 파악한 다음, 내가 생각하는 대로 해결책이 될 만한 의견을 이야기해 주면 끝나기 때문이다. 학생이 처한 상황이나 배경, 그 문제를 해결할 학생의 능력 등은 깊이 고민할 필요도 없다. 그냥 내 입장과 경험에서 느낀 점을 이야기해 버리면 내가 할 수 있는 역할은 끝난 것이다. 교수가 한 충고를 들을지 말지, 어떻게 받아들일지는 모두 학생의 몫이다. 반면 학생의 이야기를 들어주는 것은 무척 힘든 일이다. 학생의 입장에서 문제를 정확히 이해하고, 그것을 스스로 해결할 수 있도록 도와주는 역할까지 해야 하기 때문이다. 그래서 충고를 하는 것보다 훨씬 더 큰 인내심이 필요하다.

마지막으로 좋은 코치가 되기 위해서는 질문을 잘해야 한다. 학생 스스로 문제를 파악하고 이해할 수 있도록 적확한 질문을 던져 사고를 자극해야 한다. 올린의 교수들은 무엇what과 왜why를 적절히 활용한 개방형 질문으로 학생이 계속해서 사고하도록 유도한다. what은 무엇을 할 것인지 방향을 정의하는 질문이고, why는 취지를 묻는 질문이다. 학생들은 what에 해당하는 질문으로 스스로 배우고자 하는 문제와 해결하고자 하는 방향을 정하고, why를 묻는 질문에서 문제의 의미를 깨달을 수 있다.

올린의 교육에 참여하면서 듣고 질문하는 방법을 배울

수 있었던 인상적인 프로그램이 있었다. 이 프로그램은 교수를 두 개의 그룹으로 나눠 각기 다른 장소에 배치하는 것으로 시작된다. 한 그룹에서는 구성원들이 겪고 있는 문제를 두 가지 정도 정한다. 나머지 한 그룹은 충고와 경청, 두 가지 방식으로 상대 그룹의 문제를 접한다. 한 번은 충고하는 입장에서 문제를 들어보고, 또 한 번은 들어주기만 하는 것이다.

대화의 방식은 이렇다. 한 명이 자신이 가지고 있는 문제를 이야기한다. 다른 한 명은 그 문제를 자신의 입장에서 듣고, 충고가 될 만한 이야기를 해준다. "나도 비슷한 경험을 한 적이 있었는데"라고 반응하는 식이다. 그런데 이렇게 대화를 하다 보면 각자 자기 이야기만 하고 있다는 사실을 깨닫게 된다. 자신의 문제를 상대방이 들어주길 바랐던 사람은 졸지에 다른 사람의 이야기를 듣고 있어야 하는 꼴이 되어 버린다. 그런 상황에서 문제를 상의하려던 사람은 약간의 도움이 되는 이야기는 들을 수 있을지 몰라도, 상대방과 공감하고 그 공감에서 문제 해결을 위한 실마리를 발견했다는 느낌까지는 받지 못한다.

두 번째 방식은 듣는 사람이 상대방이 갖고 있는 문제와 비슷한 경험을 했다고 하더라도 의도적으로 자신의 이야기를 하지 않고 듣기만 하는 것이다. 그리고 상대방이 고민하는 부분을 더 깊이 물어보는 방식으로 이야기를 풀어 나간다. 문제의 본질은 무엇인지, 그 문제가 왜 일어났다고 생각하는지, 문제 해결을 위해 어떤 시도를 해봤는지, 문제에 대해 어떤 감정을 느끼고 있는지 등을 상대방의 입장에서 더 구체적으로 물어보는 것이다. 최대한 자신의 이야기는 하지 않고 상대방의 이야기에만 계속 몰입하고 질문을 던져야 한다.

그런데 듣는 위주로 대화를 진행한다는 것은 생각보다 무척이나 어려웠다. 불쑥 나의 경험이나 생각을 가지고 빨리 해결책을 제시해 주고 싶다는 충동이 순간순간 들기도 했다. 활동에 참가한 교수 대부분이 나와 비슷한 감정을 느꼈다고 했다. 지금까지 누구에게도 좋은 리스너가 되어 주지 못했다는 것을 모두가 깨닫는 순간이었다. 그리고 그것이 활동에 참가한 교수들의 공통된 문제점이었다는 것도 알게 되었다.

인내심을 길러야 하는 것은 학생이 아니라 교수다

많은 교육자들은 말한다. 학생들은 참을성이 없다고. 올린에 모인 전 세계 교수들의 입에서 가장 많이 나온 말도 '학생들은 참을 줄 모른다Students are impatient'였다. 그런데 올린은 오히려 '교수들은 참을 줄 모른다Professors are impatient'고 말한다. 교수들이 인내심을 길러야 제대로 된 교육이 가능하다는 뜻이다.

고등 교육 기관은 학생을 선발할 수 있는 권한이 있다. 학교에서 성장시킬 수 있는 최선의 학생을 뽑아 놓고도 교수들은 기다려 주지 않는다. 대부분의 교수들은 학생에 대한 믿음이 부족하다. 학교에 입학하는 학생들의 수준이 아무리 높아도 교수들의 기대치에는 못 미친다. 인내심이 부족한 교수는 학생들을 끌고 가려고 한다. 배움을 돕는 역할은 생각조차 하지 못한다. 범위를 정하고 숙제를 내서 공부를 시키고, 시험을 쳐서 얼마나 열심히 공부했는지 평가할 뿐이다. 열심히 출석도 체크해서 성적에 반영한다. 눈앞에서 수업을 열심히 들어야 공부를 한 것으로 믿을 수 있기 때문이다.

배움을 돕는 교수는 학생들이 자발적인 동기를 바탕으로 스스로 학습해 나갈 것이라는 굳건한 믿음과 신뢰를 가지고 있어야 한다. 믿음이 깨지더라도 인내심을 갖고 기다릴 수 있어야 한다. 그러나 교수 개인의 노력만으로는 이러한 믿음을 유지하기가 힘들다. 한두 번 실패하면 '역시 안 되는구나' 하고 그냥 무너지고 만다. 그래서 학생에 대한 믿음을 강화할 수 있도록 서로를 응원해 줄 수 있는 교수 그룹이 필요하다. 동료 교수들이 서로의 경험과 믿음을 나누고 강화시켜 나갈 수 있는 구조를 만들어야 한다.

교수가 학습을 이끄는 것이 아니라 학생들의 배움을 돕는 역할을 해야 하는 또 다른 중요한 이유가 있다. 이제 우리는 평생 배워야 한다. 학교에서 배운 지식만으로 평생을 살 수 있었던 시대는 끝났다. 세상은 끊임없이 변하고 늘 새로운 지식이 나타난다. 그런데 안타깝게도 우리는 학교에 다니면서 학생으로서의 삶을 사는 시간 대부분을 오로지 교수가 시킨 것을 공부하며 수동적으로 보낸다. 이렇게 수동적인 학습을 해온 학생들 중에 과연 평생 학습자가 되는 경우가 얼마나 될까? 세상은 자발적 동기에 의해서 학습하는 평생 학습자를 요구하는데, 교육은 아직도 시키는 것만 열심히 하는 사람을 최우선이라고 생각하는 구조에 머물러 있다. 교수는 지식을 가르치는 것이 아니라 학생이 스스로 학습하고 성장하도록 돕는 자로서의 역할을 담당해야 한다. 학생들은 대학에서 평생을 배우고 성장할 수 있는 방법을 깨우쳐야 한다.

사고하는 능력은 그릇이고 지식은 그 안에 담기는 물과 같다. 그릇은 한번 굳어지면 그 형태를 바꾸기가 쉽지 않다. 얼마나 큰 그릇을 만드느냐에 따라 삶의 크기도 결정된다. 그래서 교육을 하는 사람들은 학생들이 최대한 큰 사고의 그릇을 만들 수 있도록 도와야 한다. 큰 그릇이 만들어지면 지식은 자연스럽게 채워지기 마련이다.

학생이 디자인하는 교육 과정

일반적인 대학에서 커리큘럼을 만드는 것은 교수의 고유 권한이다. 무엇을 가르칠 것인지, 어떻게 가르칠 것인지 모두 교수의 선택과 판단에 달려 있다. 하지만 올린에서는 그렇지 않다. 커리큘럼의 중심에 학생이 있다. 이른바 '학생 중심 수업 설계Student-oriented Course Design'다. 이 프로그램은 학생들과 여러 교수들이 의견을 주고받으면서 커리큘럼을 만든다는 취지에서 시작됐다. 올린에는 디자인 관련 과목이 많은 편이다. 그리고 디자인 과목에서 학생들이 배워야 할 가장 중요한 가치가 바로 사용자를 이해하는 제품이나 서비스를 만드는 것이다. 어느 날 디자인 관련 과목 교수들이 모여서 이야기를 나누던 중 '우리는 왜 교육 서비스의 고객인 학생들에게 커리큘럼을 어떻게 디자인하면 좋을지 물어보지 않느냐?'는 의문이 제기됐다. 그 질문에서 시작된 것이 바로 학생 중심 수업 설계 프로그램이다.

어떻게 학생들의 의견을 교과 과정에 반영해야 할지 몰랐던 교수들은 일단 학생들을 인터뷰하기 시작했다고 한다. 학생들이 원하는 것은 무엇인지, 배움의 과정에서 어떤 어려움을 겪고 있는지, 무엇을 개선하면 좋을지 등을 중점적으로 물었다. 인터뷰 결과를 바탕으로 올린 학생들이 공통적으로 필요로 하는 요소와 개선해야 하는 것들, 그리고 다섯 가지 핵심 요구 사항까지 도출해 냈다. 올린에서 이 다섯 가지 요구 사항은 교수들이 과목을 설계하고, 실제 강의를 진행할 때 반드시 염두에 두어야 하는 요소로 규정하고 있다.

① 하고 싶은 것을 할 수 있을 때가 가장 좋다.

② 현장의 문제를 풀어냈을 때 큰 희열을 느낀다.

③ 경험을 통해서 배웠을 때 오래도록 기억한다.

④ 나랑 상관없어 보이는, 내가 이걸 왜 듣고 있어야 하는지 이유를 잘 모르는 수업은 듣기 싫다.

⑤ 교수의 진도 속도가 내가 이해하는 속도와 맞지 않을 때 많은 스트레스를 받는다.

올린의 교수들은 이것만으로는 충분하지 않다고 생각했다. 그래서 개별 과목 단위로 학생들의 니즈를 구체적으로 듣고 수렴하여 수업에 반영하는 방식, 'GAPA 프레임워크'를 개발해서 수업 설계에 활용하고 있다. 목표goals, 활동activities, 결과물products, 평가assessments의 네 가지 요소를 의미하는 GAPA를 바탕으로 수업 과정을 시각화하고 학생과 다른 교수들에게 의견을 물어보면서 수업 과정을 구체화한다.

GAPA 프레임워크를 활용하기 위해서는 먼저 교과목이 달성해야 하는 목표를 정의하는 단계가 필요하다. 목표는 복잡하게 설정하지 않는다. 최대한 단순하게 누구나 들으면 알 수 있는 수준으로 정한다. 보통 대학에서는 습득해야 하는 지식을 중심으로 여러 개의 학습 목표를 정하는 경우가 많은데, 올린에서는 키워야 하는 핵심 역량을 중심으로 목표를 정리한다. 올린의 대표적인 융합형 과목인 '역사의 물건'은 비판적 사고 능력을 목표로 정하고 있다. 목표는 가능한 한 단순하게 정의하고, 목표를 달성하는 과정을 구체화하다 보면 자연스럽게 다른 요소들이 녹아 들어간다. 너무 많은 목표를 세우고 시작하기보다 학생들이 과목에서 배우고 성장해야 하는 핵심 요소나 역량을 한 번에 이해할 수 있도록 정의하는 것이 중요하다.

다음으로 목표를 달성하기 위한 구체적인 활동들을 정의한다. 과목의 목표를 달성하기 위해 숙제도 해야 하고 시험도 봐야 한다. 책을 읽어야 하고 리포트를 쓰거나 사례 연구를 해야 할 수도 있다. 제품을 만들거나 디자인을 해야 하는 과목도 있다. 이렇게 과목의 목표를 달성하는 과정에서 학생들이 해야 하는 경험을 중심으로 활동 리스트를 정리한다.

다음으로 학생들이 다양한 활동들로 만들어 내야 하는 결과물을 정의한다. 결과물은 되도록 구체적인 것이 좋다. 결과물을 정의하는 과정에서 학생들이 어떤 활동에 집중해야 하는지를 알 수 있기 때문이다. 그리고 학생들이 만드는 결과물이 학습 목표에 부합하는지 계속해서 되짚어 봐야 한다. 학생들은 목표나 활동보다 결과물로 과목의 목표를 더 명확하게 이해하는 경우가 많기 때문에 결과물을 구체적이며 명료하게 정의하는 것이 무엇보다 중요하다.

마지막으로 학생들이 수업 과정에서 수행한 활동과 결과물을 어떻게 평가할 것인지를 정해야 한다. 단순하게 중간, 기말고사에서 활동의 결과를 평가하는 방식보다 활동과 결과물을 중심으로 평가 모델을 만드는 것이 좋다. 일반적으로 활동이나 결과물은 부분적으로만 포함시키고 시험의 비중을 크게 두는 경우가 많다. 그렇게 되면 학생들은 자연히 시험 중심으로 활동할 수밖에 없다. 목표, 활동, 결과물, 평가가 자연스럽게 연결되도록 수업이 설계되어야 한다. 올린에서는 학생들이 각자의 주제로 연구한 결과를 평가하는 경우가 많다. 활동과 결과물에 교수가 꾸준히 피드백을 주고, 학생 스스로 자신의 수준을 판단할 수 있도록 돕는다. 이렇게 교수가 준 피드백들이 모여서 자연스럽게 평가로 연결된다.

활동 구체화

GAPA 프레임워크가 잘 정의된 후에는 활동에 조금 더 집중할 필요가 있다. 학생들의 내적 동기는 대부분 교과 과정에서 이루어지는 활동에 의해 좌우된다. 그러나 대부분의 교수들은 활동을 학습 목표 달성을 위한 수단으로만 생각한다. 학생들의 동기를 높이는 방향으로 고민하지 못하는 것이다. 예컨대, 학생들의 흥미나 재미는 고려하지 않은 채 교수가 시킨 일을 열심히 해야 한다는 가정하에 활동을 정의한다면, 활동은 출석, 과제, 발표, 시험 정도로 정의될 것이다.

목표를 달성하는 데에 핵심이 되는 활동에서 내적 동기를 느끼지 못한다면 학생 중심의 커리큘럼은 실패로 돌아갈 수밖에 없다. 설계한 활동이 얼마나 내적 동기를 높여 주는지, 아니면 어떤 활동을 하는 것이 좋을지를 학생들에게 물어봐야 한다. 이것이 바로 활동 구체화activities shaping 과정이다.

활동 구체화 과정에서는 학생들이 직접 GAPA 프레임워크를 기준으로 정의된 활동을 현실적인practical, 흥미진진한exciting, 기상천외한blue sky 아이디어, 세 가지로 구분한다. 현실적인 아이디어에는 지루하고 재미없다고 생각하는 활동이 해당된다. 학생들이 생각하기에 재미있고 혁신적인 시도라고 생각하는 활동은 흥미진진한 아이디어로 분류한다. 지금까지 상상하지 못한 획기적인 아이디어는 기상천외한 아이디어에 속한다.

올린의 교수 워크숍에서 활동 구체화를 진행해 보았다. 최선을 다해서 학생들의 동기를 높일 수 있는 활동들을 생각해 냈고 학생들의 평가를 받았다. 그런데 교수들이 생각한 대부분의 활동들은 현실적인 아이디어에 해당되는 것이었다. 이미 교수들은 활동들이 실현 가능한지 아닌지 판단해서 가능한 것만 쏟아 내고 있었던 것이다. 또 한 가지 깨닫게 된 사실은 교수들이 교육을 받는 동안 경험한 방식들이 대부분 현실적 아이디어 수준을 벗어나지 못한다는 점이다. 교수 스스로가 교육을 받는 과정에서 흥미진진하고 기상천외한 활동을 한 경험이 없다 보니 혁신적인 생각이나 아이디어가 나오지 못하는 것이다. 때문에 올린에서는 교수가 아닌 학생이 주체가 되어 스스로 배움의 과정에서 흥미진진하고 기상천외한 활동을 정의할 수 있도록 한다.

각기 다른 분야의 교수들과 학생들이 함께 수업 시간의 활동을 더 즐거운 활동으로 만들기 위해 고민한다. 현실적 아이디어는 흥미진진한 아이디어로 이동할 수 있도록, 기상천외한 아이디어는 현실화할 수 있도록 다듬어 흥미진진한 아이디어로 만들어 간다. 그래서 실행 가능하면서도 학생들의 내적 동기를 높이는 방향으로 커리큘럼을 개선해 나간다.

평범하고 현실적인 활동을 흥미진진한 활동으로 만드는 몇 가지 방법이 있다. 우선 교과 과정에서 이루어지는 활동을 공간, 시간, 개인적인 관심·표현이라는 세 가지 관점에서 확대해 보는 것이다. 예를 들어 학생들이 인터뷰 대상을 선정할 때는 인터뷰하고 싶은 전문가를 고르는 것이 아니라 인터뷰할 수 있는 전문가를 고르는 경우가 많다. 물리적 거리도 멀지 않고 사회적인 지위도 높지는 않은, 가까운 사람을 생각하는 것이다. 공간이라는 제약 때문에 재미있는 인터뷰가 아니라 리포트에 넣을 형식적인 인터뷰를 하게 된다. 이렇게 되면 활동 자체에 흥미를 느끼기 어렵다. 아프리카의 보건 문제를 고민하고 있는 팀이나 일본 방사능 문제에 관심이 있는 팀이 아프리카와 일본 현지의 전문가를 인터뷰할 수 있다면 얼마나 재미있을까. 교수는 학생들에게 인터뷰를 하라고 지시만 할 것이 아니라, 학생들이 생각의 범위를 확대할 수 있도록 지원하고 기회를 만들어 주어야 한다.

시간을 확장하는 것은 과거에서부터 현재까지 변화해 가는 관점에서 현상을 조명해 보는 것이다. 엔지니어의 관점도 현재와 과거가 다를 수 있다. 기본적인 과학 수준의 차이 때문에 다를 수도 있고, 사회적 인프라, 기반 산업 때문에 달라질 수도 있다. 왜 이런 변화가 있었는지 그 원인을 파악해 보면 더 재미있게 활동을 할 수 있다.

마지막으로 개인적인 관심과 표현을 확장하는 것이다. 학생마다 서로 다른 관심 분야가 있고, 생각을 표현하는 방식이 다르다. 각자의 차이를 최대한 존중하는 방향으로 활동을 설계해야 한다. 글로 자신의 생각을 가장 잘 표현할 수 있는 학생이 있고, 영상으로 생각을 표현하는 것을 좋아하는 학생도 있다. 관심사에 맞게 주제를 선정할 수 있는 기회를 주는 것뿐 아니라, 서로 다른 형태로 학습 결과를 표현할 수 있는 기회를 주는 것도 좋은 방법이다.

학생들에게만 피드백을 받는 것이 아니라 이질적인 과

목을 가르치는 교수들이 생각을 나누는 것도 큰 도움이 된다. 올린 교수들은 정기적인 워크숍을 열어 자신이 맡고 있는 과목을 GAPA 프레임워크에 맞춰서 시각화하고 생각을 공유하는 기회를 갖는다. 학습 목표와 실행 과정에서 과목들의 유사점이 발견되기도 하고 공감대가 형성되기도 한다. 그리고 그 과정에서 완전히 이질적인 과목들의 융합이 자연스럽게 이루어지기도 한다. 융합형 교육을 지향하는 교육 기관이라면 서로 다른 전공의 교수들이 생각을 공유할 수 있는 기회를 제공해야 한다.

학생들에게 피드백을 받기 전에 동료 교수들끼리 충분히 피드백을 주고받는 것도 좋다. 교수들이 의견을 나누면서 개선 방향을 어느 정도 잡은 후에 학생들에게 검증받는 방향으로 활용하는 것이다. 실제로 학생들에게 바로 피드백을 받는 경우, 거부감을 느끼는 교수들도 있다. 하지만 단계별로 나누어 교수들끼리 먼저 의견을 주고받고, 이후에 학생의 의견을 듣는 형태로 진행했을 때에는 거부감이 덜했다.

교수들이 교육의 관점을 바꿀 수 있는 시간도 필요하다. 교수들 앞에 GAPA 프레임워크를 가져다 놓고 자신의 과목을 시각화하라고 하고, 학생들에게 피드백을 받아 보자고 제안한다면 교수들이 거부감을 느낄 수도 있다. 대부분의 교수들이 학생의 배움이 아니라 교수의 가르침에 중점을 두고 있기 때문이다. 그래서 올린에서는 학생들과의 교류에 앞서 교육 기관의 정의, 교수의 역할, 배움의 중요성, 학습 동기 등에 대해 교수들이 의견을 나누는 시간을 먼저 갖는다고 한다.

4 학생의, 학생에 의한, 학생을 위한 학교

"올린의 교육 제도와 프로그램들은 학생이 학교의 주인이라는 것, 교수는 학생들의 주도적인 학습을 돕는다는 것을 전제로 만들어졌다." 올린에서 만난 한 교수의 말이다. 이번 장에서는 학생의, 학생에 의한, 학생을 위한 교육을 지향하는 올린의 특별한 교육 프로그램을 알아보자.

졸업생의 품질을 정의하다 : 볼드 골스

올린에는 '볼드 골스Bold Goals'라는 것이 있다. 올린의 교육 스타일, 올린을 졸업한 학생이 갖춰야 할 역량을 정의한 것이다. 학생들은 졸업할 때까지 볼드 골스가 규정하고 있는 항목들을 모두 경험해야 한다. 개별 과목을 담당하는 교수들은 볼드 골스의 항목들 중 최소 한 가지는 경험할 수 있도록 수업을 설계해야 한다. 그리고 엔지니어링 전공(재료, 기계공학, 컴퓨터)을 담당하는 교수들은 학생들이 졸업 때까지 볼드 골스를 경험하는지 전체적인 커리큘럼을 점검한다.

볼드 골스는 올린을 졸업하는 학생들이 필수적으로 경험해야 하는 것을 규정하는 동시에 졸업생의 품질을 정의하는 것이기도 하다. 올린의 볼드 골스는 다음과 같다.

- 매년 디자인 프로젝트를 최소 1번 수행해야 한다.
- 높은 수준의 프로젝트를 진지하게 수행해야 한다.

- 팀 프로젝트를 수행해야 한다.
- 전문가가 포함된 관객 앞에서 공연이나 전시를 해야 한다.
- 국제적인 활동을 깊이 경험해 보아야 한다.
- 사회에 기여하는 활동을 해야 한다.
- 말하기, 쓰기, 수치, 시각화 측면에서 논리적이며 설득력 있는 역량을 키워야 한다.
- 창의적이고 예술적으로 자신을 표현할 수 있어야 한다.
- 실제 비즈니스 환경에서 진지하게 업무를 수행한 경험이 있어야 한다.
- 실제 시장에 제품을 출시하기까지 필요한 기본적인 역량을 갖춰야 한다.

학점까지 학생이 정한다 : 학생 주도 연구

올린에는 교수와 학생이 함께 진행하는 연구 프로젝트가 있다. 여기까지는 특별할 게 없어 보인다. '학생 주도 연구'라면 기존의 학교에서도 운영하고 있는 프로그램이다. 차이는 '학생 주도'의 정도에서 나온다. 올린의 프로그램은 학생들이 구체적인 연구 활동을 직접 계획하고 진행하도록 한다. 학생이 하는 연구에 교수가 멘토링을 해주는 방식이다.

심지어 해당 연구 수업의 학점까지도 학생이 직접 정한다. 연구 프로그램에 참여하는 학생은 본인이 어느 정도로 프로그램에 시간을 투자할 것인지를 결정해야 한다. 주당 3시간 정도의 분량이 1학점으로 환산되는데, 학생이 일주일에 9시간을 투자할 수 있다면 3학점 수업이 되는 식이다.

연구의 최종 결과물로 무엇을 만들어 낼 것인지 역시 학생이 정한다. 올린이 규정하고 있는 것은 반드시 결과물이 나와야 한다는 것뿐이다. 무엇을 어떻게 만들지 판단하는 것은 학생이다. 저학년 때부터 학생 주도 연구에 참여할 수 있다는 것도 올린의 특징으로 꼽힌다. 학년과 관계없이 연구 역량만 있다면 누구나 신청하고 참여할 수 있다.

올린을 세운다 : 빌드 데이

처음 올린이라는 학교가 만들어질 때, 학생들이 참여해 학교의 제도, 커리큘럼, 공간을 함께 고민하고 설계한 전통이 빌드 데이Build Day 행사로 이어지고 있다. 빌드 데이는 하루 동안 재학생, 졸업생, 교수, 직원이 모두 모여 학교 발전을 위해 필요한 것이 무엇인지 의견을 나누고 과제를 도출하는 행사다. 우리의 워크숍과 유사하지만 허울 좋은 말만 늘어놓는 요식 행사가 아니다. 구체적인 문제점을 논의하고 개선 사항을 도출하는 실용적인 행사다. 학교생활, 학교 공간을 개선하는 아이디어부터 교육 시스템, 학교 제도, 교수, 학생, 교직원의 역할과 관계에 대한 문제까지 개선 사항으로 논의된다.

수십 개의 아이디어가 논의되고 그중 20~30개 정도가 중요한 프로젝트로 만들어진다. 학생, 교수, 직원이 각자 관심 있는 프로젝트에 참여해 문제를 해결해 가기 때문에 내적 동기도 높고, 학교를 개선, 발전시키는 데 기여하는 실질적인 결과물도 만들어진다.

기업이 투자하는 수업 : 스코프

올린의 학생들은 4학년이 되면 1년 동안 실제 기업에서 프로젝트를 받아서 진행한다. 이 수업을 스코프SCOPE·Senior Capstone Program in Engineering라고 한다. 학생들은 올린에서 학습한 지식과 경험을 기반으로 기업이 실제로 겪고 있는 문제를 1년 동안 해결해야 한다. 올린과 파트너십을 맺은 기업들은 5만 달러를 학교에 지불하고 스코프 프로그램에 참여한다. 5만 달러 외에도 학생들이 프로젝트를 수행하는 데 필요한 장비나 기기를 제공한다. 기업이 현금, 현물을 투자하기 때문에 학생은 기업에서 원하는 결과물을 만들어 내야만 한다.

스코프 프로그램에 참여하는 기업은 올린에서 기존에 생각할 수 없었던 문제점을 발견하기도 하고 완전히 새로운 관점에서 해결 방안을 찾기도 한다. 결과물의 지식 재산권을 기업이 갖기 때문에 참여를 원하는 기업이 많다.

주제를 선정할 때는 기업에서 주는 프로젝트를 일방적

으로 수용하는 것이 아니라 교수가 기업 측과 협의해 정한다. 기업에 실질적인 가치를 제공함과 동시에 학생에게 의미 있는 배움의 경험을 주기 위한 형태로 프로젝트를 설계하는 것이다.

프로젝트 주제와 방향이 정해지면 학기가 시작되기 전, 기업 담당자가 올린을 방문해 직접 프로젝트를 소개한다. 올린 학생들은 관심이 가는 프로젝트에 지원할 수 있다. 지원하는 학생들을 중심으로 팀이 꾸려지는데, 학생들의 관심을 받지 못하는 프로젝트는 스코프 프로그램에서 빠지는 경우도 있다. 기업 입장에서는 학생들이 관심을 가질 만한 프로젝트를 제시해야, 능력 있는 학생들의 창의적 아이디어를 제공받을 수 있는 것이다. 스코프는 올린이 가장 중요하게 생각하는 핵심 프로젝트 수업으로, 학교 차원에서 별도의 조직을 구성해 운영하고 있다. 전담 교수 두 명과 전담 스태프들이 맡고 있다.

학생 박람회 : 올린 엑스포

올린 엑스포Olin Exposition는 학생들이 수업에서 만든 결과물이나 동아리, 개인이 만든 작품을 학기 말에 전시하고 공연하는 일종의 학교 행사다. '전문가가 포함된 관객 앞에서 공연이나 전시를 해야 한다'고 규정한 '볼드 골스'와도 관련이 있다. 엑스포에는 올린 구성원뿐 아니라 외부에서 초청되는 사람들도 참여한다. 100개 안팎의 전시, 발표, 공연이 열리는데, 약 70퍼센트가 전시, 20퍼센트 정도가 발표, 10퍼센트가 공연 형태다.

학생들은 엑스포에서 자신이 만든 결과물을 많은 사람에게 보여 줄 수 있는 기회를 얻는다. 엑스포에 참여한 기업 담당자가 학생들을 채용하는 경우도 있다. 엑스포는 학생들에게 더 나은 결과물을 만들고 싶다는 강력한 동기를 제공한다. 올린 학생은 재학 중 열리는 모든 엑스포에 참석한다. 참석하기 어려운 경우에는 학생 생활 책임자에게 사전 허가를 받아야 한다. 졸업하기 전까지 최소 1번 이상은 엑스포에 참여해야 한다는 규정이 있다.

입학생 선발 프로그램 : 캔디딧 위켄드

캔디딧 위켄드Candidate Weekend는 올린의 특별한 입학생 선발 프로그램이다. 올린에 지원하는 학생 규모는 매년 1000명 정도다. 이 가운데 서류, 전화 면접을 통과한 약 200명 정도의 지원자가 이틀 동안 진행되는 입학생 선발 프로그램 캔디딧 위켄드에 초청된다. 초청받은 학생의 약 95퍼센트가 실제 프로그램에 참가한다고 한다. 이틀 동안의 프로그램에 학생과 부모가 함께 참여하는데, 학교 관계자들은 지원자가 올린의 문화에 맞는 학생인지 아닌지를 본다.

캔디딧 위켄드는 딱딱한 면접이라기보다는 축제와 같은 행사다. 학교 투어 행사나 재학생 공연이 수시로 열린다.

지원자들이 참여하는 팀 과제 활동 역시 즐거운 분위기 속에서 진행된다. 팀 활동은 평가가 아닌 올린의 교육을 경험하는 것에 초점을 맞추고 있다. 개별 인터뷰에서는 커뮤니케이션 능력과 창의성, 지적 성숙도, 학문에 대한 열정, 협업 능력, 인간성 등을 중점적으로 평가한다. 최종 합격자는 재학생과 교수, 직원이 팀을 이루어 평가한 결과를 바탕으로 입학위원회의 논의를 거쳐 선정된다. 재학생이 신입생 선발 과정에 참여하고 평가권까지 갖고 있다는 점에서 다른 대학의 학생 선발 시스템과는 완전히 다르다.

학교 입장에서 캔디딧 위켄드는 올린 교육의 우수성을 홍보하는 기회다. 실제로 지원자 인터뷰 시간은 이틀간 1시간 30분에 불과하다. 나머지 시간은 지원자와 학부모가 올린의 교육을 경험하는 데에 쓰인다. 이 때문에 여러 곳의 명문대에 합격한 학생들 중 상당수가 캔디딧 위켄드를 거친 뒤, 올린을 선택한다. 캔디딧 위켄드는 올린이라는 학교를 잘 몰랐거나, 관심이 없었던 학생들을 스카우트하는 과정이기도 한 셈이다.

성적이 없는 수업 : EG

올린은 학생들의 배움을 어떻게 평가하는 것이 좋은지 근본적 질문을 스스로에게 끊임없이 던진다. 학생들의 어떤 점을 평가해야 배움에 도움이 되는지, 학점을 매기는 것이 과연 교육에 긍정적인 영향을 주고 있는지 처음부터 다시 생각해 보는 것이다. 그 결과로 탄생한 제도가 실험적 학점EG·Experimental Grading 제도다.

2009년부터 시작한 EG 제도는 성적을 매기지 않는 과목을 운영하는 것을 골자로 한다. 완전히 새로운 형태의 수업 방식을 시도할 때, EG 과목으로 진행하는 경우가 많다. 학생들은 한 학기에 최대 한 개의 EG 과목을 수강할 수 있는데, EG 과목은 패스pass, 노 크레딧no credit으로 구분해서 성적표에 표시된다. 패스한 학생에 한해, 별도로 역량 분석 리포트를 만든다. 학생이 어떤 역량을 갖고 있고, 수업에서 어떻게 성장했는지를 상세히 기록하는 것이다. EG 제도로 올린의 교수들은 혁신적인 과목을 설계하고 다양한 형태의 수업 방식을 시도해 볼 수 있으며, 이것을 학생들에게 부담 없이 적용해 볼 수 있다.

5 혁신의 기술

변화를 위한 전략적 접근이 필요하다

보통 교수들은 학문과 연구에 매달려 산다. 전공 분야 연구에서는 뛰어난 성과를 만들어 낼 수 있겠지만, 혼자서 연구하고 혼자서 가르치는 업무 특성 때문에 협업이 힘든 경우가 적지 않다. 이러한 교수들의 특성은 학교의 변화를 만들어 내는 데에는 장애물이 된다. 학교는 개개인이 모여서 만들어지는 커다란 조직이기 때문이다. 나와 다른 생각을 갖고 있는 사람들의 마음을 움직여야만 조직적인 변화를 만들어 낼 수 있다. 개인적인 활동에 익숙한 교수들이 학교라는 큰 조직을 변화시킨다는 것이 그리 쉬운 일은 아니다.

실제로 올린의 교수들은 지금의 올린을 만들어 내는 과정이 쉽지 않았다고 말한다. 새로운 교육 방식을 도입하는 데 얼마나 큰 장벽이 놓여 있는지, 변화를 거부하는 힘이 얼마나 조직적으로 움직이는지를 상세히 이야기해 줬다. 그리고 변화와 혁신을 위해서는 전략적 접근이 필요하다고 강조했다. 학교에서는 한 교수가 새로운 교육 방법을 만들어서 큰 성공을 얻었다 해도 그것을 다른 교수에게 확산하는 '수평 전개'가 쉽지 않다. 전공이 달라서 그런 방식을 도입하기 어렵다고 하면 그것으로 끝이다. 전공이 같아도 과목이 다르다고 하면 또 그만이다. 과목이 다르고, 교수가 다르고, 학생이 다 다르기 때문에 나는 그냥 기존 방식대로 수업을 하겠다고 이야기하는 곳이 지금의 학교다. 변화에 익숙하지 못하고, 변화를 달가워하지도 않는, 기존의 방식대로 그냥 해도 별문제가 없는 곳이 학교다.

올린 교수들이 네덜란드의 유명 공과대학 항공우주공학과의 커리큘럼과 강의 방식을 새롭게 구성하는 프로젝트를 진행한 적이 있다. 이 학교는 강의형 수업이 대부분이고 고학년을 대상으로 한 프로젝트 과목이 몇 개 있는 평범한 커리큘럼을 운영하고 있었다. 학교 차원에서 재학생, 졸업생을 대상으로 인터뷰를 진행해 보니 강의는 듣고 시험은 보지만 얼마 지나서는 대부분 잊어버리고, 현장에 가서 일을 하면서 다시 배우고 있다는 응답이 많았다. 그래서 기존의 강의형 수업을 프로젝트형 수업PBL·Project-based Learning으로 바꾸기 위한 방안을 올린 교수들과 함께 추진하고자 했다. 학과장의 강력한 지원이 있었던 만큼, 올린 교수들은 혁신을 전파할 수 있을 것이라는 기대가 컸다고 한다.

하지만 혁신 프로젝트는 기초 이론 지식의 중요성을 강조하는 교수들의 반대에 부딪쳤다. PBL을 하게 되면 비행기는 만들 수 있겠지만 가장 기본이 되는 이론이나 개념은 놓칠 수 있다는 것이 그들의 주장이었다. 이후에 학과장은 PBL 방식을 선호하는 교수들과 함께 구체적인 실행안을 가지고 학교의 조직적인 변화를 만들어 가겠다고 했다. 하지만 1년 뒤에 상황을 들어 보니 아무것도 변한 것이 없었다. 대부분의 교수들이 기존 방식대로 강의하고 있었다. 아무리 좋은 방안이 있고 방향이 있어도 성공적으로 변화를 실현하지 못한다면 아무것도 바꿀 수가 없다. 그래서 변화에 대한 전략적인 접근이 중요한 것이다.

마음을 얻어야 바뀐다

일반적인 조직 관리론을 보면 변화 관리를 위한 다양한 방법이 소개되어 있다. 하지만 이런 방법들은 대부분 기업이라는 환경에 맞는 조직 운영 및 변화 관리 방법인 경우가 많다. 기업과 학교는 분명 다르다. 학교는 기업에 비해 개인의 생각을 존중하는 문화가 있다. 그래서 학교에서는 기업에서 많이 하는 톱다운top-down 방식의 지시에 따른 변화는 잘 작동하지 않는다. 학교에는 보텀업bottom-up 방식의 수평적인 소통을 통한 변화가 필요하다. 그리고 보텀업 방식의 변화에서 가장 중요한 것은 바로 구성원들의 심리적 동의를 이끌어 내는 것이다. 마음으로부터 변화에 대한 동의를 얻어 내지 못하면 동력을 잃어버린다. 학교의 변화는 구성원들의 '마음 얻기'에서부터 시작된다.

올린은 학교 철학에 지속적인 개선continuous improvement을 명기하고 있을 정도로 변화를 일상화하고 있는 학교다. 구성원들도 수시로 이뤄지는 변화에 이미 익숙해져 있었다. 이렇게 되기까지 올린 역시 구성원의 마음을 얻는 과정을 거쳤다. 그리고 마음을 얻기 위해서는 마음이 어떻게 변화되는지를 이해하는 것이 우선이다.

모든 상황은 사실assertion과 사실에 대한 견해assessment로 구성되어 있다. 사실은 변하지 않는 객관적인 상황이다. 견해는 사실에 대해 어떤 생각을 갖고 있는지를 의미한다. 인간은 사실에 대한 견해를 가지고 생각을 하고 행동을 한다. 사실은 변하지 않지만 견해는 얼마든지 변할 수 있다. 그래서 변화를 만들어 내기 위해서는 사실에 대한 견해를 바꾸는 것이 중요하다. 그런데 문제는 견해가 잘 바뀌지 않는다는 것이다. 그렇기 때문에 변화를 만들어 내기가 어려운 것이다.

사실에 대한 견해를 바꾸기 위해서는 견해가 행동까지 연결되는 과정, 즉 TFAR을 자세히 살펴봐야 한다. 인간은 어떤 상황을 직면하게 되었을 때 ① 생각을 하고thought ② 감정을 느끼고feeling ③ 그에 따라 행동을 하고action ④ 결과가 나타나는result 과정을 순서대로 거친다. 올린의 워크숍에 참여하는 교수들과 함께 '나는 전문가다'라는 동일한 생각이 어떠한 TFAR 과정을 거치는지 직접 작성해 보았다. 결과는 상당히 흥미로웠다.

사례 1

생각 : 나는 전문가다.

감정 : 능력을 알아줘서 행복하다.

행동 : 사람들에게 조언을 해준다.

결과 : 돈을 번다.

사례 2

생각 : 나는 전문가다.

감정 : 능력이 부족해서 걱정이다.

행동 : 부족한 부분을 열심히 공부한다.

결과 : 능력이 올라간다.

사례1과 사례2는 동일한 생각에 어떤 감정을 느끼는지에 따라 이어지는 행동과 결과가 완전히 달라진다는 점을 명확하게 보여 준다. 전문가라는 상황에 행복을 느끼는 사람은 조언을 해서 돈을 벌었고, 걱정인 사람은 공부를 해서 능력을 올렸다. 상황에 어떤 감정을 느끼는지가 행동과 결과를 만들어 내는 데 가장 중요한 요소인 것이다. 그런데 그 감정이라는 것은 경험을 뿌리에 두고 만들어진다. 어릴 때 뜨거운 물에 데면 뜨거운 물에 두려움이 생기고, 물에 빠진 경험이 있으면 물가에 가기가 무서운 것과 마찬가지다. 마음속 깊이 들어가 있는 무의식에 가까운 것이 감정을 형성한다. 그래서 그만큼 감정을 끌어내는 것이 어렵다. 성공적인 변화를 위해서는 변화될 상황에 반드시 긍정적인 감정을 갖게 해야 한다. 정리해 보자. 변화를 만들어 내기 위해서는 마음 얻기가 중요하고, 마음을 얻기 위해서는 감정의 변화를 만들어야 한다. 그리고 긍정적인 감정은 긍정적인 경험으로 만들어진다. 결국 경험으로 변화의 필요성을 느낄 수 있도록 해야 하고, 동시에 변화에 대한 걱정과 두려움을 덜어 낼 수 있어야 한다. 변화를 긍정적으로 수용할 수 있도록 하기 위해서 가장 기본이 되는 것이 바로 작은 성공small success을 경험하는 기회다. 작은 성공을 함께 경험하면서 변화를 수용할 수 있는 감정을 만드는 것이다. 그리고 이를 기반으로 변화를 점진적으로 만들어 나가야 한다.

긍정적 감정만큼 중요한 것이 부정적 감정이다. 부정적 감정을 어떻게 컨트롤하느냐에 따라 변화의 성패가 갈린다. 부정적 감정이 팽배한 상황에서 변화에 동조하기는 어렵다. 따라서 변화를 가로막는 부정적 감정을 이해하고 관리해야 한다.

부정적 감정 중 하나가 거부감이다. 사람들은 변화에 본능적인 거부감을 갖고 있다. 현재의 익숙함이 주는 편안함 때문이다. 그 편안함이 현재에 머물러 있고 싶은 관성을 만들어 낸다. 그리고 변화에 적응하기 위해 필요한 노력은 변화를 막는 거부감을 일으킨다. 변화에 투입되는 많은 에너지를 생각하면 변화에 거부감이 있을 수밖에 없다.

둘째는 두려움이다. 변화가 항상 성공적일 수는 없다. 변화는 실패로 이어지는 경우가 더 많다. 여러 번의 시도 끝에 성공한 한 번의 변화가 엄청난 가치를 만들어 내기 때문에 우리는 계속해서 변화를 시도하는 것이다. 하지만 성공을 위해 어쩔 수 없이 경험해야 하는 실패와 이에 대한 두려움이 변화의 큰 장벽이 된다.

셋째는 자포자기하는 마음이다. 변화를 시도했다가 실패로 돌아간 경험을 했다면, 변화를 시도해 봤자 소용이 없다고 느끼기 쉽다. 변화가 어렵다는 사실을 깨닫는 순간 사람은 포기해 버리고 만다. 변화를 위한 노력이 크면 클수록, 더 큰 저항에 부딪힐수록, 포기하려는 마음은 커진다. 이런 변화를 가로막는 감정들 때문에 변화는 어렵다. 그만큼 더 전략적으로 변화를 만들어 가야 한다.

변화를 이끄는 구성원 그룹 매트릭스

올린은 확신assertiveness과 협력cooperativeness이라는 측면에서 교직원들의 변화에 대한 입장을 분석·관리하고 있다. 먼저 확신은 변화가 어떤 배경에서 어떻게 일어나고 있는지, 무엇을 추구하는지, 어떻게 실행해 나갈 것인지, 누가 참여하고 지지하는지를 깊이 이해하는 과정에서 구축된다. 확신은 곧 변화를 이해하는 수준이라고 할 수 있다. 협력은 변화를 대하는 자세다. 협력은 말 그대로 변화에 얼마나 협력적인 태도를 취하는가를 말한다. 변화의 구체적인 내용을 충분히 이해한 것과 그 변화에 협력하는 것은 별개다. 조직을 위해 긍정적인 변화라고 해도, 개인의 입장에서 득이 될 것이 없다면 협력하지 않는다는 결정을 내릴 수도 있다.

이러한 두 가지 기준을 바탕으로 구성원을 네 가지 성향으로 분류하는 매트릭스를 만들 수 있다. 우선 변화에 관심도 없고 협력도 하지 않는 회피자avoider 그룹이 있다. 조직의 절대다수를 차지하는 이들은 자신에게 맡겨진 일만 수동적으로 하는 사람들이다. 회피자의 경우 변화에 협력적으로 참여할 수 있도록 만드는 것이 중요하다. 인간적인 신뢰를 바탕으로 변화에 대한 좋은 감정을 심어 줘야 한다. 수동적으로라도 협력할 수 있도록 만드는 것이다.

변화에 관심도 많고 이해하고 있는 수준도 높지만 비판적으로 문제점만을 지적하는 사람들도 있다. 이들은 경쟁자competitor 그룹에 속한다. 변화가 자신의 지위나 권력에 부정적인 영향을 미칠 수 있다는 사실을 인지하는 순간, 경쟁자 그룹에 들어가는 경우가 많다. 끊임없이 반대 의견을 내고 변화를 강하게 거부하는 이들은 가장 큰 장애물이자 반드시 넘어야 하는 벽이다. 경쟁자 그룹을 설득하기 위해서는 이들이 어떤 입장을 취하고 있는지를 정확히 이해하는 것이 중요하다. 이들의 입장과 주장을 이해하지 못하고, 변화의 장점만 계속 떠들어 대다가는 결국 변화는 시도도 해보지 못하고 끝날 수 있다. 그리고 경쟁자 그룹 내부에서 협력자를 만들어 내기 위해 노력해야 한다. 내부의 협력자가 생긴다면 경쟁자 그룹을 설득하는 데 엄청난 힘이 된다.

변화에 아주 협력적인 태도로 참여하지만 정작 변화가 무엇인지를 깊이 이해하지 못하는 경우도 있다. 이들은 수용자accommodator 그룹에 속한다. 변화를 주도하는 그룹과 인간적인 유대감이 있는 경우 수용자가 될 가능성이 높다. 내용은 잘 모르겠지만, 일단 믿고 변화를 따라가 보겠다는 입장인 것이다. 수용자에게 필요한 것은 변화에 대한 지속적인 커뮤니케이션이다. 변화의 이유와 목적을 정확히 이해하지 못한 상황에서 실행을 하다 보면 실수를 할 수 있다. 그리고 이런 작은 실수들은 변화를 반대하는 경쟁자들의 먹잇감이 된다.

마지막으로 협력자collaborator 그룹이 있다. 변화를 깊이 이해하고 있을 뿐만 아니라 변화에 적극적으로 참여하는 그룹이다. 협력자는 변화의 가장 큰 자산이다. 협력자를 늘리고 경쟁자를 줄이는 것이 변화를 성공으로 이끄는 열쇠다.

올린에서는 학교의 변화를 만들어 갈 때 이렇게 전략적인 접근을 한다. 학교 내에 어떤 그룹들이 있고, 이들이 어떤 자세로 나올지, 이들이 어떤 문제점을 지적할지, 어떤 주장을 할 것인지 구체적인 시나리오를 만들면서 변화를 이끌어 간다. 그리고 협력자를 어떻게 확대해 나갈 것인지, 어떻게 활용해 변화를 성공적으로 이끌어 갈 것인지 계획을 수립한다. 독불장군처럼 혼자만의 길을 가면서 원하는 사람만 따라오라고 하는 방식으로는 변화가 학교라는 조직 전체로 퍼질 수 없기 때문이다.

6 올린이 말하는 올린

모든 답은 학생 안에 있다

리처드 밀러Richard Miller 올린 공대 총장을 인터뷰했다.

혁신적인 교육 시스템을 만들게 된 배경이 무엇인가?

1999년 올린을 설립하기 위해 모였을 때, 우리에게는 비전과 돈만 있었고, 제대로 된 엔지니어링 교육 철학은 없었다. 올린이 세워지기 전까지 사회가 대학에 기대하는 것은 높은 수준의 연구 능력과 박사급 인력을 배출하는 것뿐이었다. 그러나 우리는 조금 다르게 생각했다. 연구도 중요하지만 그게 전부가 아니라 생각했다. 교육 기관이 연구만을 좇아가서는 더 이상 애플이나 마이크로소프트와 같은 기업이 탄생하지는 않을 것이라는 결론에 도달했다.

결국 우리는 본질적인 고민을 할 수 있는 사람이 우리 사회에 필요하다는 생각을 했다. 그리고 본질적인 고민은 바로 깨달음을 통해서 얻을 수 있다는 것을 알게 되었다. 깨달음이 있어야 본질적인 고민을 할 수 있고, 본질적인 고민을 거쳐야만 새로운 것을 창조해 낼 수 있다. 그리고 우리는 무언가를 깊이 깨닫는다는 것은 책이 아니라 경험으로 이루어지는 것이라는 결론에 이르게 되었다. 결국 진정한 배움은 강의실에서 이루어지는 지식 전달이 아니라 경험에 기초한 교육이 균형 있게 어우러졌을 때 가능하다.

그런데 왜 대부분의 교육 기관은 지식을 일방적으로 전달하기만 하는 강의 방식으로 교육하는지 의문이 들었다. 역사적으로 가장 배움의 효과가 크다고 증명된 교육 방식은 바로 일대일 튜토리얼이다. 지금과 같은 대규모 강의형 교육 방식은 교육적 효과보다 경제적인 효율성 때문에 생겨났다고 해도 과언이 아니다. 대학 교육을 생각해 보자. 무엇을 배웠는지 기억이 나는가? 내 경험으로 보면 무엇을 배웠는지는 잘 기억나지 않고 직접 만들어 본 프로젝트만 상세하게 기억이 난다.

올린을 설립하고 처음 2년 동안 다양한 실험을 진행했다. 정해진 강의 과정 없이 자유롭게 학생이 하고 싶은 프로젝트를 진행하면서 어떤 교육적 효과가 나타나는지 살펴보기도 했다. 그 결과, 두 가지 놀라운 사실을 발견했다. 첫째는 학생들은 교수들의 예상보다 훨씬 더 많이, 다양하게, 또 깊이 배울 수 있다는 것이었다. 둘째는 자신감을 쌓은 학생들은 정말로 놀라운 일을 할 수 있다는 것이었다. 올린의 교육은 이런 철학을 증명하는 과정으로 만들어졌고, 정착되고 있다.

올린의 프로젝트 수업을 상세하게 이야기해 달라.

일반적인 대학에서는 필요한 지식을 모두 배운 다음에 프로젝트 수업을 진행하는 경우가 많다. 과연 그게 맞을까? 우리는 설립 초기 35명의 고교 졸업자들을 대상으로 1년간 프로젝트 수업 형태의 교육을 진행해 본 적이 있다. 학생 대부분이 프로젝트를 수행하는 데 필요한 지식과 경험을 가지고 있지 않았다. 학생들은 문제를 해결하는 데 필요한 정보를 찾고 문제를 해결하기 위해 실행하고 실패하는 데 대부분의 시간을 썼다. 마치 실제 현장에서 문제를 풀 때 이루어지는 과정들이 끊임없이 반복되는 것과 같았다. 과정은 힘들었지만 결과는 성공적이었다. 결과물의 품질은 산업체에서 사용하는 수준이었다.

우리가 확인한 것은 교육은 지식 전달이 아니라 경험이고 프로세스라는 사실이었다. 다시 말해 교육은 단순히 지식을 전달하는 것을 넘어 학생들이 문제를 해결하는 프로세스를 경험하게 하고, 사고 능력과 문제 해결 능력을 키우는 것에 집중해야 한다는 것이다.

그리고 또 한 가지 중요한 사실은 문제 해결 프로세스를 경험한 학생들의 대다수가 문제 해결 자신감이 높아졌다는 것이다. 문제 해결 자신감은 학생들이 어려운 문제에 도전할 수 있는 원동력이 되었다. 대부분의 대학, 특히 연구 중심 대학에서의 학부 교육은 정반대다. 지식을 전수하는 데 집중하고 있고, 평가로 학생들에게 자신의 수준과 한계를 주입하고 있다. 안타깝게 생각한다.

올린의 프로젝트 수업은 졸업반까지 기다리지 않고 학

부 1학년 때부터 시작한다. 그리고 이는 학생들이 배움에 대한 태도를 형성하는 데 매우 큰 도움이 된다.

프로젝트 수업에서 잊지 말아야 할 또 다른 중요한 요소는 바로 인간에 대한 이해를 반드시 포함시켜야 한다는 것이다. 만들고자 하는 결과물이 누가, 왜 필요로 하는 것인가를 이해하는 것에서 모든 프로젝트가 시작되어야 한다. 그리고 개발이 끝나면 그것이 어떤 변화를 만들어 낼 수 있는지를 학생들이 직접 체험하도록 해야 한다.

프로젝트 수업은 교수와 학생들 간의 많은 교류가 필요하다. 이 방식이 다른 학교로 확산될 수 있다고 보나?

우리도 아직은 잘 모른다. 그렇지만 올린의 교육 방식 중 상당 부분이 다른 대학으로 퍼질 수 있다고 믿는다. 이미 전 세계 수백여 곳의 대학이 관심을 가지고 올린을 방문했다. 그중 몇몇 대학은 수년 전부터 올린이 제안한 프로젝트 중심의 수업을 실험적으로 도입하고 있다. 그리고 I2E2와 같은 개방형 워크숍을 열어 전 세계에서 모인 교수들에게 올린의 교육과 경험 중심의 수업 방식을 전하고 있다. 이러한 노력들이 교육 시스템을 바꾸는 밑거름이 될 것이라 믿는다.

경험 위주의 교육을 하려면 충분한 경험을 가진 산업체 출신

교수가 많이 필요할 것 같다.

맞는 말이다. 교수가 연구만 했다면 연구 중심으로 학생들을 가르칠 것이다. 학생들이 현장의 문제를 직접 경험하면서 배울 수 있는 환경을 갖추기 위해서는 산업체에서 풍부한 현장 경험을 한 교수를 모셔 오는 것이 매우 중요하다. 그래서 올린 교수의 상당수가 산업체 출신이다. 올린의 대표적인 프로젝트 수업인 SCOPE 프로그램을 담당하고 있는 두 교수도 모두 로봇 청소기 업체 iRobot 출신이다. 프로젝트를 담당하고 있는 교수 중에는 산업체 출신의 박사 학위가 없는 교수들도 많다.

교육 기관은 전통적으로 변화를 꺼리는 경향이 있다. 올린은 이제 10년이 넘었는데, 교직원들에게서 변화에 저항하는 분위기가 감지되지는 않나?

점점 고민하게 되는 부분이다. 교직원이 많아지면서 종종 변화에 저항하는 모습들이 보인다. 올린의 운영 철학에 지속적인 개선이 명확하게 선언되어 있고, 지속적인 변화를 학교 차원에서 추구하고 있지만 그래도 힘들다. 그만큼 교육 기관에서 변화를 추구하는 것은 어려운 일인 것 같다. 변화가 저항에 부딪힐 때마다 우리는 해답을 학생에게서 찾는다. 개인의 생각이나 의지보다 학생의 피드백을 전면에 내세워서 저향을 뚫고 나간다.

창업과 같은 도전 정신으로 만들어 낸 학교

앨런 다우니Allen Downey, 데비 차크라Debbie Chachra, 호세 오스카 머미란다Jose Oscar Mur-Miranda, 조너선 스토크, 제시카 타운센드 교수를 인터뷰했다.

올린은 교수들이 교육자로서의 역량을 높일 수 있는 제도를 갖고 있는 것 같다. 어떤 지원을 하고 있는지 궁금하다.

교수들이 교육자로서의 역량을 갖춘다는 것은 무척이나 어렵고 힘든 일이다. 우리도 무엇이 교육자로서 갖춰야 할 역량인지 스스로 정의하기조차 어려웠다. 그래서 올린도 설립 초기에 외부 전문가들로부터 여러 가지 도움을 받았다. 그런데 외부 전문가의 도움을 받아서 진행한 프로젝트가 좋은 성과를 내서 성공적으로 마무리된 경우는 거의 없었다. 방향과 전략은 그럴듯했지만 실행하는 과정에서 드러나는 문제점을 하나씩 고치지 않는다면 아무 소용이 없다는 것을 알게 되었다. 결국 우리의 상황에 맞는 최적의 방식을 내부에서 찾는 것이 최선이었다.

올린에 맞는 교육자로서의 역량을 높이기 위한 방식을 우리가 스스로 고민해야 한다. 그래서 올린은 교수가 교육자로서 고민하고 성장할 수 있도록 투자를 아끼지 않는다. 가장 중요한 것이 바로 교수 평가 체계다. 기존 대학들은 교수에게 교육자로서의 역량 외에도 전공 분야 연구 성과도 강하게 요구하는 편이다. 이 때문에 교육자와 연구자 사이에서 역할을 고민하는 경우가 많다.

올린의 교수 평가 체계는 조금 다르다. 교수의 역할을 학생, 학교, 사회의 관점에서 평가한다. 가장 중요한 교수-학생의 관점에서는 교육자로서의 역량을 평가한다. 그리고 교수-학교 관점에서는 학교의 구성원으로서 조직에 얼마나 기여했는지를 평가한다. 마지막으로 교수-사회 관점에서는 단순히 전공 분야의 연구로만 한정해서 평가하는 것이 아니라 보다 개방적인 관점에서 사회에 얼마나 기여했는지를 평가한다.

전공 분야의 연구만이 연구 성과로 인정되는 것이 아니다. 전공은 아니지만 교육 분야 연구 결과를 가지고 책을 쓰거나 논문을 내는 것도 사회에 기여를 한 것으로 인정을 받고 또 장려되기도 한다. 그래서 자신의 전문 분야 외에도 혁신적인 교육에 관심을 갖는 교수들이 많아질 수밖에 없는 구조가 만들어진다.

이 외에도 교육과 관련한 워크숍이나 미팅이 주기적으로 열린다. 방학에는 1~2주일 동안 교수 워크숍이 진행된다. 이 워크숍에서 가장 중요한 것이 바로 자신이 담당하게 될 다음 학기 강의를 설계하는 것이다. 교육 목적과 방법, 그 속에서 학생들이 경험하는 것, 실제 만들어지는 결과물, 그리고 평가 방법까지 아주 상세하게 강의 과정을 설계한다. 설계한 과목은 다른 교수들과 학생들에게 공유된다. 서로의 생각을 자유롭게 공유하며, 학생과 교수가 참여하는 포스터 세션에서 더 발전적인 교육 방법들을 만들어 내기도 한다.

이렇게 생각을 공유하고 발전시키는 과정에서 많은 것들을 배운다. 다른 강의는 어떻게 운영되고 있는지, 학생들에게 동기 부여를 어떻게 하고 있는지, 다양한 관점에서 벤치마킹할 수 있다. 이를 바탕으로 자신의 강의는 구체적으로 어떻게 개선해야 하는지 등을 고민한다. 교수들이 더 나은 교육을 위해 고민하는 과정에서 자연스럽게 교육자로서의 역량이 높아진다고 생각한다.

처음부터 올린의 교육 방식이 성공할 수는 없었을 것 같은데?

학교를 처음 세웠을 때 정말 많은 실수를 했다. 코호트Cohort라는 융합형 교육 프로그램을 설계했는데 완전히 망했다. 기초 과목과 응용 과목을 융합하고 교육 방법 가이드를 만들었는데 제대로 되는 것이 하나도 없었다. 교수들은 무엇을 해야 할지 몰랐고 그렇게 2~3년 동안은 혼란이었다. 시작할 때의 혼란은 어쩌면 당연한 일인지도 모른다. 하지만 혼란을 극복하기 위해서는 많은 사람들이 한마음으로 움직여야 한다. 그것이 잘되지 않았다.

문제의 가장 큰 원인은 교수들끼리 커뮤니케이션이 제대로 되지 않는 것이었다. 커뮤니케이션이 어려웠던 원인은 바로 교육 철학이었다. 교수들의 교육 철학이 다르다 보니 학생들을 바라보는 관점도 다르고, 교육을 하는 방식도 달랐다. 커뮤니케이션이 안될 수밖에 없었다. 문제가 생겨도 함께 해결해 나가지 못하고, 자신의 방식대로 혼자 힘으로 해결할 수밖에 없었다. 그렇게 아무런 해결책도, 개선도 없이 시간이 지나간 것이다. 교육 기관에서는 지식, 경험도 중요하지만 그것 못지않게 중요한 것이 교육 철학이라는 것을 모두가 깨달았다.

어떤 이들은 새로운 교육을 연구하고 시도하는 것에 열정이 없다. 어떤 이들은 교육보다 개인적인 연구가 더 중요했고, 강의에 크게 신경 쓰고 싶지 않다고 생각했다. 결국 설립 멤버였지만 교육 철학이 맞지 않아 학교를 떠난 교수들도 많다. 지금은 교수를 선발할 때 교육 철학을 아주 중요한 요소로 평가하고 있다.

처음 수업을 시작했을 때 교수들은 열정에 가득 차 있었다. 그 열정으로 정말 열심히 학생들을 가르쳤다. 가르치고 싶은 것이 산더미처럼 쌓여 있으니 진도도 빠르게 나갈 수밖에 없었고, 숙제도 엄청나게 내줄 수밖에 없었다. 얼마 지나지 않아 학생들은 하나둘 지쳐 갔다. 수업에 집중도도 떨어지고 동기 부여도 낮아지는 상황이 이어졌다.

하루는 수업에 들어가려고 강의실에 갔더니 '오늘은 모든 수업이 없으니 운동장으로 나오라'는 글이 문 앞에 붙어 있었다. 운동장에 나가 보니 운동회가 열리고 있었다. 학생들과 함께 하루를 즐겁게 놀았다. 그리고 하루가 저물어 갈 무렵 학생들이 교수들을 한곳에 모았다. 그러더니 갑자기 계란을 던지기 시작했다. 그때의 충격은 정말 말로 표현할 수 없을 정도였다. 계란을 맞으면서 생각했다. '이곳은 정말 뭐가 달라도 진짜 다르구나.' 그때부터 분위기가 많이 달라졌다. 배움은 절대 교수가 주도해 가는 것이 아니라는 깨달음 같은 것을 얻은 듯했다.

교수들의 마인드가 바뀌는 것도 중요하지만 혁신은 역시나 학생들과 함께해 나가는 것이기 때문에 학생들에게도 배움의 자세를 많이 이야기해 주는 것이 중요하다. 그래서 올린은 교육 철학과 목표, 그것이 실현되기 위한 과정을 학생들에게 지속적으로, 그리고 매우 구체적으로 공유한다. 학생들의 마음에서 깊은 공감을 이끌어 냈을 때 비로소 교육 혁신이 가능하다. 학점이 아니라 배움에 중점을 두도록, 수동적인 학습이 아니라 주체적인 배움이 일어나도록 학생들을 변화시켜야 한다. 협력과 소통으로 문제를 해결하는 것이 중요하다는 사실을 학생들이 느낄 수 있어야 한다. 교육의 수요자인 학생이 변화하지 않으면 아무리 좋은 교육 시스템이 있다고 한들 '빛 좋은 개살구'일 뿐이다.

이론 지식과 경험이 부족한 학부생이 프로젝트 수업을 하고 결과물을 만들어 낸다는 것이 잘 믿기지 않는다.

올린에 와서 학생을 처음 만났을 때를 기억한다. 한 학생이 열심히 무언가를 만들고 있었다. 무엇을 만들고 있는지 물어보았더니 열 센서를 만들고 있다고 했다. 몇 학년인지 물어보니 얼마 전에 입학했다고 대답했다. 정말 황당했다. 1학년이 열 센서를 만들고 있다니. 불가능하다고 생각했다. 그러면서도 진짜 만들 수 있을까 궁금하기도 했다.

그런데 그냥 장난처럼 넘기기에는 학생이 너무나 진지했다. 분명 경험과 지식 면에서는 부족한 점이 많았다. 하지만 올린 학생들이 사고하고 문제를 풀어 가는 능력은 이미 엔지니어라고 말하기 충분할 정도였다. 단순히 지식을 많이 알고 있는 것은 엔지니어가 아니다. 그것을 가치 있게 사용할 수 있어야 한다. 기존의 지식과 개념을 가지고 문제를 해결하는 능력은 쉽게 키워지지 않는다. 경험을 하면서 깊이 이해해야만 한다. 그래서 '경험을 통한 배움Do Learning'이 중요한 것이다.

페어 티칭을 선호하는 이유가 있나?

페어 티칭(pair-teaching : 각기 다른 전공의 교수가 함께 가르치는 수업)은 학습 효과를 높이는 매우 유용한 교육 방식이다. 올린에서는 과목의 약 50퍼센트가 페어 티칭 방식으로 진행되고 있다. 1, 2학년 때는 정말 많다. Stuff of History, Real World Measure, Modeling & Simulation, Design of Nature, Principle of Engineering, Linearity 등이 대표적이다. 3, 4학년으로 가면 페어 티칭 수준을 넘어 외부 전문가나 다른 분야의 교수들까지 직접 참여하는 과목이 늘어난다. Engineering & Humanity, Entrepreneurship, SCOPE가 대표적이다.

페어 티칭 방식은 기본적으로 강의를 준비하는 교수가 두 명이다 보니 수업의 품질이 높아질 수밖에 없다. 강의를 진행하기 전에 과목을 담당하는 교수들이 서로 의견을 내고 더 좋은 방법을 고민하고, 기존의 문제점을 이야기하면서 강의의 품질을 높인다. 특히 프로젝트 과목에서는 페어 티칭을 하지 않으면 학생들의 기대를 맞추기가 어렵다. 그리고 학생 개개인의 결과물을 제대로 평가하고 피드백을 주기 힘들다. 프로젝트 과목은 여러 지식과 경험이 융합되어야만 좋은 결과물이 나올 수 있기 때문에 한 명의 교수가 가이드를 하는 것보다 두 명의 교수가 다른 관점에서 집중적으로 가이드하는 것이 훨씬 효과적이다. 교수가 서로 다른 관점에서 피드백을 주고, 또 서로의 피드백을 논의하는 과정에서 학생에게 더 가치 있는 피드백을 줄 수 있다. 페어 티칭으로 학생과 교수는 함께 배우고 성장한다.

교수 혼자 공부하고 혼자 생각하고 혼자 가르치면 한계가 있다. 특히나 교육자로서는 더욱 그렇다. 서로의 다른 관점을 이야기하면서 더 예리해진다. 물론 처음에는 쉽지 않았다. 교수들의 생각 차이가 컸기 때문이다. 하지만 시간이 갈수록 페어 티칭이 훨씬 더 좋은 성과를 만들어 낼 수 있다는 것을 확인하면서 더 많은 교수들이 페어 티칭을 선택하고 있다.

페어 티칭을 할 때 명심해야 할 것이 있다. 실수를 최소화하려면 스타일이 맞고 커뮤니케이션에 문제가 없는 교수들끼리 하는 것이 좋다. 끊임없이 서로 이야기를 나누면서 더 나은 방법을 찾아야 하기 때문에 교수들이 자유롭게 의견을 교류할 수 있어야 효과가 크다. 예전에 융합형 과목을 만든 이후에 친하지도 않고 스타일이 맞지도 않는 교수들을 붙여 놓았던 적이 있다. 얼마 지나지 않아 그 과목은 폐강되었다. 강제로 묶어서 페어 티칭을 하라고 하면 절대 성공할 수 없다. 그만큼 교수들의 자연스러운 호흡이 중요하다.

교수는 어떤 과정을 거쳐 선발되는가?

올린의 교수 선발 방식은 무척 까다롭다. 서류 검증을

거쳐 전화 인터뷰를 하고 이를 통과한 지원자를 학교로 초청해 이틀 동안 인터뷰한다. 그 이틀 동안 20명 이상의 올린 교수들과 만나고, 학생들에게도 평가를 받는다. 간단하게 절차를 요약하면 다음과 같다.

교육 철학 검증 : 교수 4~5명과 학생 2~3명으로 구성된 면접관을 만나 지원자가 수행해 온 교육 방식, 철학에 대해서 이야기를 나눈다. 이 과정에서 올린이 추구하는 교육 철학에 얼마나 근접해 있는지 평가한다.

기술 전문성 검증 : 교수 4~5명으로 구성된 면접관이 지원자의 전문성을 검증한다. 지식만 평가하는 것이 아니라 사고가 얼마나 유연한지, 확장 가능한지를 집중적으로 검증한다. 올린은 융합형 교육이 활발하게 이루어지고 있기 때문에 특정 분야의 연구에만 몰두하는 사람보다 다양한 분야에 관심이 있고, 유연하게 사고할 수 있는 교수를 선호한다.

교육 방식 검증 : 교수 4~5명과 함께 실제 올린의 강의 중 하나를 선택하여 학생들을 대상으로 강의한다. 지원자가 관심이 있고, 최근까지 연구하고 있는 분야에서 강의 주제를 정할 수 있다. 강의 방식도 지원자가 자유롭게 구성할 수 있다. 강의가 끝나고 학생들에게 지원자의 강의를 계속 듣고 싶은지 물어본다.

캐주얼 인터뷰 : 지원자가 머무는 이틀 동안 올린 구성

원들과 어울려 식사를 하고 차를 마시면서 이야기를 나눈다. 이 과정에서 올린 구성원들은 지원자가 올린의 문화에 맞는지, 기존 구성원들과 함께 호흡하면서 변화를 만들어 갈 수 있을지를 종합적으로 평가한다.

선발 절차나 과정이 복잡하다는 것 외에도 두 가지 특징이 더 있다. 첫 번째는 교수 선발 과정에 학생들이 적극적으로 참여한다는 것이다. 올린의 교육 철학과 문화를 가장 잘 이해하고 있는 것이 바로 학생들이기 때문에 학생들이 어떻게 지원자를 바라보는지를 중요한 평가 기준으로 삼는다. 두 번째는 교육 관점을 철저하게 검증한다는 것이다. 올린은 설립 초기 교육 철학이 다른 교수들 간의 불화로 어려움을 겪었다. 그래서 교육에 대해 비슷한 관점과 철학을 가진 사람들이 함께하는 것을 중요하게 여긴다. 이외에도 교수들은 지원자와 함께 일하고 싶은지, 페어 티칭을 할 만한지, 사고가 유연한지, 커뮤니케이션 능력이 있는지 등 지원자의 성향과 성격도 많은 비중을 두고 평가한다.

무엇보다 올린에는 종신 재직권tenure이 없다. 올린 교수들은 5년마다 재계약을 해야 한다. 기존 교수들은 재계약을 할 때 다시 지원서를 작성해 응시한다. 지원자의 입장이 되어 위와 같은 심사 과정을 그대로 다시 거쳐야 한다.

학교 차원에서 관리하고 있는 성과 지표는 무엇인가? 그리고 성과 지표를 높이기 위해서 어떤 노력을 하고 있는가?

교수들이 교육자로서 관리하고 있는 지표는 바로 졸업생의 품질이다. 올린을 졸업한 후에 학생들이 선택하는 진로를 분석해서 품질을 평가한다. 진학을 한다면 어느 정도 수준의 대학원에 진학하는지, 기업이나 학교로부터 장학금을 얼마나 받고 진학하는지도 조사한다. 취업을 하는 경우 어떤 회사의 어떤 분야로 취업하는지, 초봉은 어느 정도인지 조사한다. 조사 결과는 학교 내외부에 투명하게 공개한다.

당연한 소리겠지만, 졸업생 품질을 높이기 위해서는 교육을 제대로 하는 것이 가장 중요하다. 제대로 된 교육을 위해 올린은 졸업생들의 의견을 주기적으로 듣고 반영하는 체계를 갖추고 있다. 대표 졸업생으로 선정된 졸업생은 졸업 후 6개월, 2년, 5년 시점에 집중적인 인터뷰를 한다. 졸업생 인터뷰에서 교육 과정의 문제점을 발견하고, 개선 방안을 수립한다. 학생이 졸업하고 가게 될 현장과 교육 사이의 격차를 줄여 나가는 것이다.

최근 졸업생 인터뷰를 거쳐 수학 과목들을 대폭 수정했다. 기존의 수학 과목들은 개념과 지식을 강의식으로 전달하는 전통적인 방식으로 진행됐다. 올린에 유일하게 남아 있던 강의식 수업이었다. 2012년 졸업생 인터뷰에서 수학 과목의 교육 방식에 문제가 제기되었다. 이후 졸업생을 대상으로 포괄적인 인터뷰를 진행했고, 수학 과목에서 높은 학점을 받은 학생들도 수업이 현실에서 문제를 해결하는 데 별다른 도움이 되지 않는다는 의견을 내놨다. 졸업생들은 수학 과목의 교육 방식을 기존의 강의 중심에서 경험 중심으로 재설계해야 한다는 의견을 강하게 피력했다. 결국 졸업생 의견을 바탕으로 수학 교육 방식을 완전히 바꾸었고, 이 과정에서 새로운 교육 방식에 적합한 교수들을 새로 선발했다.

온라인 교육이 전 세계적인 흐름이다. 올린은 온라인 교육을 어떻게 생각하나?

전 세계에서 우수한 석학들이 앞다투어 자신의 강의를 온라인 사이트에 올리고 있다. 아주 훌륭한 일이다. 하지만 올린까지 그걸 할 필요는 없다고 생각한다. 지식을 얻고 싶은 학생들은 그들의 강의를 보면 된다. 그러나 올린이 추구하는 경험 중심의 교육은 온라인으로 전달할 수 없다. 온라인 교육은 아무리 기술이 발전해도 일방적인 강의를 기초로 할 수밖에 없다. 학생 개개인의 동기를 끌어내는 경험 중심의 배움에는 맞지 않는다.

온라인 교육은 배움의 동기가 아주 높은 소수의 학생에게만 유효하다고 생각한다. 배움에 대한 내적 동기를 중요하게 생각하는 올린에는 온라인 교육이 적합하지 않다. 훌륭한 교수가 있으니 많은 사람들과 공유하면 좋겠다고 해서 온라인 교육을 시작해서는 안 된다. 추구하는 철학과 가치를 세우고 그것이 온라인 교육으로 충분히 전달할 만한 가치가 있는지를 먼저 생각하는 과정이 필요하다.

올린 학생들도 교육에 관심이 많은 편인가?

그렇다. 교육을 주제로 교수들과 함께 연구를 하는 학생들도 많다. 다른 대학에서 교육학을 전공하는 교수나 석·박사 과정에 있는 학생들과 공동 연구를 진행하는 경우도 있다. 다른 대학에 가서 올린의 교육을 소개하기도 하고, 자신의 경험을 교육 학회에 가서 발표하기도 한다. 타 대학에서 올린의 교육을 연구하기 위해 장기간 진행하는 프로젝트에 참여하기도 한다. 모든 교수들이 교육에 관심이 높고, 교육과 관련한 다양한 연구를 진행하고 있기 때문에 학생들도 자연스럽게 교육에 관심을 갖는 것 같다.

학생의 배움을 도울 때 특별히 고려해야 하는 것이 있다면?

학생이 지식을 체계화할 수 있도록 도와주는 것이다. 전문가와 초보자의 가장 큰 차이는 지식을 체계화하는 능력이다. 단순한 지식은 검색으로 파악할 수 있다. 하지만 전문가는 새로운 지식을 자신의 경험이나 기존 지식과 결합시켜 내 것으로 만드는 능력을 갖고 있다. 전문가는 지식을 체계화하고, 빠르게 흡수할 수 있는 능력이 있기 때문에 배움의 속도가 빠르다. 본인에게 필요한 정보와 그렇지 않은 정보를 쉽게 구분할 수 있기 때문에 정보도 빨리 흡수할 수 있다.

반면 학생들은 지식을 체계화하지 못한다. 지식의 연관성을 찾는 일은 더욱 어렵다. 전문가인 교수들은 지식의 연계성, 확장성을 이미 종합적으로 이해하고 있다. 교수들은 학생들이 지식의 구조를 파악할 수 있도록 도와주고, 과목에서 가르치는 내용들 간의 연계성도 파악할 수 있도록 도와야 한다.

혁신의 힘은 도대체 어디에서 나오는 것인가?

올린에서 이루어진 대부분의 혁신적인 교육은 교수들의 열정과 노력으로 이루어졌다고 해도 과언이 아니다. 교수들은 새로운 방식을 시도하고 함께 모여 논의하고 문제점을 개선하고, 또 다시 시도했다. 페어 티칭을 활용한 융합형 교육도 한 학기가 지났을 때 모두가 포기했던 것이다. 하지만 그것이 성공했을 때 얻을 수 있는 가치를 본 몇몇 교수들이 문제점을 개선하면서 계속해서 시도를 했고, 그 결과 지금은 많은 과목들이 페어 티칭 방식으로 진행되고 있다.

그 어떤 중요한 성과나 결과물도 체계적으로 수립된 계

획에서 나온 것은 아니다. 그 순간 최선을 다해 문제를 대면하고, 해결할 수 있는 방안을 치열하게 고민한 결과였다. 그리고 열심히 실행에 옮겼다. 그렇게 지금의 혁신적인 교육이 만들어진 것이다. 그만큼 많이 실수했고, 배웠고, 성장했다. 교육에 대한 식지 않는 열정과 두려움 없이 실행할 수 있는 용기가 바로 혁신의 동력이 아닐까 생각한다.

올린의 학교 문화를 한마디로 정의한다면?

문화를 한마디로 정의하기는 참 어려운 것 같다. 문화라기보다 올린을 방문한 수많은 교수들이 공통적으로 다른 학교와 다르다고 이야기하는 것이 하나 있다. 그것은 바로 올린 학생들이 너무나도 주체적이라는 것이다. 올린의 교육도 학생 개개인의 관심과 재미를 주체적으로 찾아가는 형태로 설계되어 있다. 학생들이 주체적으로 배움을 설계하고 실행해 나갈 때만 성장할 수 있다고 믿고 있다. 그래서 올린의 학교 문화를 정의하라면 자율성과 주체성이라고 대답하겠다.

올린의 학생 중심 문화가 만들어지기 시작한 것은 설립 초기다. 2000년부터 1년 동안 좋은 학생을 모집하기 위해 전국을 돌아다니며 학생들을 리쿠르팅했다. 노력의 결과, 30명의 아주 뛰어난 학생들을 모을 수 있었다. 그런데 문제가 발생했다. 원래 예정된 완공 일자까지 건물이 완성되지 못한 것이다. 학생은 모았는데 학교를 예정된 시점에 열 수가 없었다. 30명의 우수한 올린 1기 학생을 그냥 돌려보내야만 하는 절망적인 상황이었다. 궁여지책으로 올린 파트너 프로그램을 운영해 보자는 의견을 누군가가 제안했다. 올린 파트너 프로그램은 30명의 1기 학생들이 1년 동안 교직원과 함께 학교를 짓고, 커리큘럼을 만들고, 학교의 문화를 만들어 가는 것이었다. 의외로 대부분의 1기 학생들이 프로그램에 참여하겠다는 결정을 해줬다. 지금 생각해도 기적 같은 일이다. 올린의 주체적인 문화는 그렇게 우연히 학생들과 함께 시작되었다. 그 이후부터 학생들은 학교와 교육 과정, 그리고 커리큘럼에 엄청난 애정과 관심을 갖게 되었다. 학생들의 손으로 직접 만들었기 때문이다. 이런 정신이 지금까지 이어져서 오늘의 올린 문화를 만들었다.

지금 생각해도 전혀 예상하지 못한 일이다. 올린의 모든 것은 이렇게 완전히 새롭게 만들어지는 창업과도 같은 과정의 연속이었다. 실행하는 과정에서 예상치 못한 사건이 터지면 그것을 해결하기 위해 최선을 다해 고민하고, 실패하면 배움의 기회로 활용하고, 또 새로운 시도를 하고, 하나씩 자리를 잡아 가면서 지금의 올린이 만들어졌다. 이야기를 하다 보니 올린의 문화가 만들어진 동력에는 도전 정신이 있었던 것 같기도 하다.

에필로그 교육에도 혁신가가 필요하다

1500페이지, 4000개의 문제. 일반적인 대학 물리학 교재의 분량이다. 교수들은 이렇게 엄청난 양의 지식을 한 학기 동안 모두 가르친다. 교수들은 학생들이 모두 자신과 비슷하다고 생각하거나, 혹은 비슷해져야 한다고 생각하고 가르친다. 자기도 그렇게 많은 양을 공부했으니, 학생들도 훌륭한 사람이 되려면 많은 내용을 알아야 한다고 생각하는 것이다. 오랜 기간 한 분야에서 일한 탓에 책에 나오는 수많은 개념과 지식이 실제로도 사용될 만한 것들이라는 확신까지 갖고 있다. 결국 교수들은 학생들에게 가능한 한 많은 지식을 알려 주는 것을 최선의 교육이라고 생각하게 된다. 그렇게 대부분의 교수들이 두꺼운 책을 갖고 진도를 나가는 방식으로 학생들을 가르친다. 더 많은 지식을 전달하기 위해 학생들이 이해를 하는지 못하는지도 파악하지 못한 채 혼자서 열심히 진도를 나간다. 보통 교수들은 수업 시간에 다룬 내용을 이해했는지는 숙제만 내보면 알 수 있다고 생각한다. 학생이 숙제를 풀어 오면 그 개념을 충분히 이해한 것으로 간주한다. 그리고 한두 번의 시험으로 학생들이 얼마나 열심히 강의를 들었는지 최종적으로 점검한다. 지식 주입 중심의 강의식 교육이 대부분 이렇다.

올린의 교수들은 이 불가사의한 규모의 지식을 교수들이 어떤 생각으로, 어떤 기대를 하고 가르치고 있는지 되묻는다. 교수들이 한 학기 동안 주입하려는 지식은 한 학기에 모두 습득된 것이 아니라 여러 해에 걸쳐 단계적으로 축적된 것이라는 점, 학생들은 꼭 교수가 아니더라도 평생에 걸쳐 다양한 경로로 지식을 습득해 나간다는 점을 간과해서는 안 된다.

올린의 교수들은 넓게, 많이 아는 것은 중요하지 않다고 입을 모아 말한다. 지식을 머릿속에 인덱싱indexing한다는 명목하에 이해하지도 못할 엄청난 양의 지식을 일방적으로 쏟아 내는 것은 교육이 아니라고 말한다. 올린은 지식을 주입하는 것이 아니라 경험하게 함으로써 진정한 배움이 가능하다고 믿는다. 그래서 책에 쓰인 많은 지식과 개념을 교수가 해석해 주는 방식이 아니라, 학생이 관심을 갖고 있는 지식과 이론을 경험할 수 있는 교육 과정을 설계했다. 학생들은 관심이 있는 개념과 이론을 바탕으로 관련 문제를 정의하고, 몇 가지 문제를 한 학기 동안 해결해 나가는 과정에서 필요한 지식을 찾아내고 이를 내재화한다. 올린의 교수들은 학생들이 사고할 수 있는 능력을 길러 주는 교육은 강의만으로는 이뤄지지 않는다고 말한다.

올린에서도 수학, 물리, 화학과 같은 개념과 이론이 필요한 기초 과목들을 가르친다. 대신 책에 나오는 모든 개념을 한 학기 동안 모두 다루지 않는다. 학생이 관심을 두고 있는 몇 가지 개념이나 이론을 스스로 선정해서, 그 개념과 관련해서 개론서부터 아주 어려운 논문까지 찾아서 공부하게 한다. 그리고 그 개념이 어떻게 현실 세계에서 활용되고 있는지 구체적인 사례를 찾아서 스스로 적용해 보게 한다. 학생마다 각기 다른 이론이나 개념을 선택하기 때문에 코치 역할을 하는 교수는 방대한 양의 공부를 해야 한다. 정해진 개념만 설명하는 것이 아니라 학생들이 관심을 갖는 분야를 다뤄야 하고 심지어 현장 사례까지 살펴야 하니 교수들은 학생보다 더 많이 공부하고 노력한다. 그래서 올린에서 교수로 일하는 것은 굉장히 힘들다.

이런 이야기를 들려주면 대부분의 교사, 교수들은 기본적인 지식을 갖추고 있지 않은 학생이 어떻게 사고 능력을 키울 수 있느냐고 반문한다. 그러나 문제는 이렇게 말하는 교사, 교수들이 한 학기 동안 기본적인 지식만 주입하는 일만 한다는 점이다. 기본적인 지식을 쌓은 후에야 가능하다던 사고 능력을 키워 주기 위한 교육은 자신의 몫이 아니라고 생각한다. 학생들은 몇 년 동안 교사, 교수들이 주장하는 기본적인 지식만 쌓다가 졸업한다. 사고 능력을 함양할 수 있도록 돕는 교사나 교수는 찾아보기 어렵다. 그런 중요한 능력은 학교에서는 도저히 배울 수가 없다. 졸업한 후에 사회에 나가서 현장의 문제를 해결하는 과정에서 경험하고 키워야만 한다.

학교에서 가르치고 키워 줘야 하는 것은 지식이 아니라 역량과 능력이다. 지식은 역량과 능력을 키우는 데 필요한 도구다. 교수는 지식을 전달하는 것이 아니라 문제를 해결하기 위해 필요한 경험을 지원하고 그 과정에서 학생 스스로 사고할 수 있도록 돕는 역할을 해야 한다. 지식을 전달하고 시험으로 얼마나 그 지식을 흡수했는지 확인만 하면 교수의 역할이 끝난다고 생각하는 것은 착각이다. 학생들에게 지식을 배웠으니 나중에 필요할 때에는 알아서 적용해서 쓰면 된다고 얘기하는 것은 제대로 된 교육자의 자세가 아니다.

교육은 학생이 스스로 문제를 발견하고, 필요한 지식을 찾아서 흡수할 수 있는 능력을 길러 주는 데에 집중해야 한다. 지식이 아니라 역량을 키워 주는 것, 이것이 올린의 교육 방식이다. 올린이 경험 중심 교육을 한다고 해서 이론을 강의하지 않는 것은 아니다. 다만 1500페이지에 달하는 방대한 분량의 지식을 학생들이 이해했는지 확인도 하지 않은 채 전달만 하지는 않는다는 것이다. 학생들의 관심사와 관련된 지식을 경험으로 전달하는 것이 사고 능력을 키우는 좋은 방법이라고 믿는 것이다.

미국 최고 수준의 명문대에 진학할 수 있는 인재들이 올린에 몰리는 이유가 여기에 있다. 나는 올린의 학생들에게 왜 스탠퍼드, MIT와 같은 유명 대학에 입학하지 않고 올린에 왔는지 물어보았다. 대부분의 답변이 비슷했다. 올린에서는 자기가 원하는 것을 발견하고 만들어 낼 수 있을 것 같았다는 얘기였다. 1학년을 마친 학생 10명을 대상으로 올린에서 가장 즐거웠던 순간이 언제였는지를 물었을 때도 비슷한 답변이 나왔다. 대부분의 학생들은 수업 시간에 자신이 만든 결과물이 제대로 작동하는 것을 보았을 때라고 말했다. 올린은 학생들이 원하는 것을 만들어 낼 수 있는 충분한 능력을 이미 갖추고 있다고 믿는다. 그러한 믿음 속에서 학생들은 스스로 고민하고 경험하면서 배우고 성장한다.

올린 학생들은 1학년 때부터 관심 있는 분야의 지식과 개념을 중심으로 자신만의 독특한 포트폴리오를 만들어 간다. 그렇게 쌓은 굵직한 경험들이 모여 다른 대학과는 완전히 차별화된 졸업생이 배출되는 것이다. 지금 올린은 미국에서 가장 인기 있는 대학 졸업생을 배출하고 있다.

올린에서 만난 사람들 모두가 내게는 놀라움이었다. 자신의 분야에서의 전문성뿐만 아니라 뛰어난 커뮤니케이션 능력을 갖고 있었고, 사고의 폭이 넓으면서도 동시에 본질을 보는 눈을 가지고 있었다. 기존의 틀을 깨고 새로운 것을 시도하는 것에 조금도 주저함이 없었다. 그리고 교육에 대한 열정이 대단했다. 그런 구성원을 두고 있는 올린이 부러웠다.

교육은 좋은 환경이나 인프라, 잘 짜인 커리큘럼, 제도로만 이루어지는 것이 아니다. 나는 교육은 사람을 통해서 이루어진다고 믿는다. 열정과 진정성을 갖춘, 그리고 배움을 제공할 수 있을 만한 교육자가 그 어떤 것보다 중요하다.

세계적인 명문 대학에서 최고라는 평가를 받고 있는 교수들을 만나 그들의 교육 방식을 연구한 켄 베인Ken Bain은 그의 책《What the Best College Teachers Do》에서 최고의 교수가 갖고 있는 자질을 다음과 같이 요약했다.

> ① 최고의 교수들은 자신의 전공뿐만 아니라 다양한 학문에 심취한다. 광범위한 이슈에 지대한 관심을 가지며, 독창적인 사고를 전개한다.
> ② 높은 지식수준보다 중요한 것은 끊임없는 연구와 고민으로 학문의 근본 원리를 파악하고 복잡한 지식을 단순 명료화하는 성향이다. 문제의 핵심을 간파하는 능력이 뛰어나다.
> ③ 학생들에게 지식을 전달하고 정보를 채우는 것에 만족하지 않고 학생들의 이해력을 구축하는 데 많은 노력을 기울인다. 학생들에게 지속적이고 본질적인 영향을 미치지 못한다면 의미가 없다고 생각한다.[9]

단순히 지식을 전달하는 것이 교수의 역할이고, 배움의 책임은 모두 학생에게 있다는 생각은 이제 버려야 한다. 결국 교육은 사람이 사람을 길러 내는 것이다. 그래서 우리는 더 나은 교육을 위해 고민하고 노력해야 한다. 노력을 하다가 실패했을 때는 그 실패에서 다시 배우고 성장해서 더 나은 길을 찾으면 된다.

훌륭한 교육자가 선한 영향력을 더 넓게 펼칠 수 있도록 만들어 주는 조직이 교육 기관으로 바로 설 수 있다. 지금 우리 교육에는 극적인 변화를 불러일으킬 혁신가가 필요한지도 모르겠다. 그리고 감히 당신이 그런 혁신가가 되기를 희망한다.

주

1 _ Ken Robinson, 〈Bring on the learning revolution〉, http://www.ted.com/talks/sir_ken_robinson_bring_on_the_revolution, 2010. 2.

2 _《US News》, 〈Higher Education Rankings〉, https://www.usnews.com/best-colleges/olin-college-39463

3 _ I2E2 프로그램, http://i2e2.olin.edu/

4 _ Domenico Grasso, Richard K. Miller, 〈What Does It Mean to Think Like an Engineer〉, 2012.

5 _ Domenico Grasso, Richard K. Miller, 앞의 글, 2012.

6 _ Dan Pink , 《Drive: The Surprising Truth About What Motivates Us》, 2011.

7 _ Nicolas Gueguen, 《소비자는 무엇으로 사는가: 고객 심리에 관한 100가지 실험》, 2006.

8 _ Peter Norvig, 〈TED: 10만 명의 학생들이 공부하는 강의실〉, http://go.ted.com/FeU3aQ, 2012. 2.

9 _ Ken Bain, 《What The Best College Teachers Do》, 2004.

북저널리즘 인사이드 학교에서 배운 것

시인이자 영화감독인 유하는 시 〈학교에서 배운 것〉에서 인생의 고작 1할을 학교에서 배웠다고 말한다. 인생에 도움이 되었다는 그 1할마저도 '많은 법들 앞에 내 상상력을 최대한 굴복시키는 법' 같은 부정적인 것들뿐이다.

시인이 학교를 다닌 1970년대 이후 40여 년이 지났지만, 여전히 학교는 인생을 배우고 상상력을 키울 수 있는 곳은 아닌 것 같다. 수없이 교육 제도가 바뀌었는데도 지금 학교에서 주체성, 창의성을 배웠다고 말하는 학생은 거의 없다. 고등 교육 기관인 대학 역시 마찬가지다. 학생들에게 대학은 수업을 듣고 학점을 따서 취업에 필요한 학위를 받는 기관일 뿐이다.

혁신적인 교육으로 주목받고 있는 미국의 올린 공대는 학교의 존재 이유에 대해 근본적인 질문을 던진다. 올린이 사명 선언문을 통해 제시하는 답은 이렇다. '세계의 이익을 위해 필요를 인식하고, 솔루션을 디자인하며, 창의적인 기업에 참여하는 모범적인 엔지니어링 혁신가가 되는 학생을 키웁니다.'

올린이 우리가 들어 본 적도 없는 완전히 새로운 교육 방향을 제시하고 있는 것은 아니다. 학교는 학생을 위해 존재한다는 얘기, 학교는 사회에 도움이 되는 인재를 양성하는 기관이라는 얘기는 너무 당연해서 진부하기까지 하다.

올린의 차이점은 당연한 명제를 실제로 구현한다는 데 있다. 올린은 학생을 학교의 주인으로 만든다. 학생들은 직접 학교의 제도를 만들고, 수업을 디자인한다. 무엇을 배울지, 어떻게 평가받을지까지 스스로 정한다. 교수는 학생들이 원하는 분야를 충분히 경험할 수 있도록 돕는 역할에 집중한다. 학생들은 교수의 일방적인 수업으로 지식을 주입당하는 것이 아니라, 교수의 코칭을 받으며 각자의 관심사를 탐구한다.

올린은 사회와 기업이 필요로 하는 인재를 키운다. 지역 사회, 기업과 함께 수업을 만들어 학생들이 현실의 문제를 해결하는 경험을 쌓게 한다. 올린에서 수업의 목표는 학점을 받는 것이 아니라, 결과물을 만드는 것이다. 논문이든, 제품이든 상관없다. 목표를 세우고, 부딪히고 실패하면서 결과를 만들어 내는 경험이 중요하다. 올린의 교육 혁신을 가까이에서 지켜본 저자는 올린의 교육을 '현존하는 가장 이상적인 형태의 교육'이라고 말한다.

문제를 인식하고, 해결하기 위해 도전하고, 실패하면 다시 도전해 변화를 만들어 내는 것. 올린이 교육 혁신이라는 이상을 현실로 만든 방법이자 학생들을 키워 내는 철학이다. 우리가 삶에서 매일 경험하는 문제 해결의 과정과도 닮아 있다. 올린은 학교에서 배워야 하는 것이 꿈을 실현하는 법, 스스로 세상을 살아가는 법이라고 말하고 있다.

김하나 에디터